MARTIN KINTRUP

BIG
PAN
THEORY

IHR WEGWEISER

Ob Rahmgulasch mit Pilzen,
Mango-Garnelen-Curry oder
flambierte Crêpes: Die besten Rezepte
für leckere „One-Pan-Wonder" gibt es hier –
also: An die Pfanne, fertig, los!

EINE FÜR ALLE(S)?

Ab Seite 6
Gusseisen, Schmiedeeisen oder doch
lieber Edelstahl? Die „kleine Pfannenkunde"
sagt, welche Pfanne wofür passt.

- 10 -
SCHMECKT WIE BEI MUTTI

Klassiker & Hausmannskost: Käsespätzle,
Filetpfanne und Backfisch liebte man
schon als Kind – hier werden sie modern
in Szene gesetzt.

Kochclub Méditerranée

38
Mittelmeer & Orient –
ein Auszug aus der Speisekarte:

Italien grüßt mit
einem Antipasti-Gemüse-Carpaccio

Spanien lädt ein
zu einer Paella especial

Frankreich präsentiert sich mit
einer Spinat-Ziegenkäse-Galette

Der Orient verführt
den Gaumen mit einem würzigen
Kichererbsen-Hähnchen-Salat

Asia & Texmex ab Seite 68
Holen Sie sich die Welt in Ihre Küche:
mit gesunden Asiapfannen, bunten
Currys und würzig gefüllten Fladen
aus Mittelamerika.

Süße
Geheimnisse

114 – Desserts & Gebäck
Flambierte Heidelbeer-Crêpes,
Bratapfel-Crumble

oder

Frittiertes Vanilleeis mit
Himbeer-Coulis

und

vieles mehr ... Da schlägt das Herz
aller Naschkatzen höher!

DAS ERSTE
EXTRA DES TAGES

Frühstück & Brunch ab Seite 94
Pancakes, karamellisierter Obstsalat und
getrüffeltes Tomaten-Rührei: Da strahlen
Morgenmuffel über das ganze Gesicht, und
Langschläfer werden zu Frühaufstehern.

 # 5 Superwissen-Seiten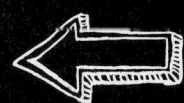

Steaks und Schnitzel – so werden sie perfekt! SEITE 24/25
Die Welt der Kräuter SEITE 52/53
Für die richtige Würze SEITE 80/81
Gewusst wie – Karamellisieren, Rösten & Co. SEITE 120/121
Pfannenpannen SEITE 132/133

EINFACH LECKER

BIG PAN THEORY

Einfach Pfanntastisch!

Big Pan, das bedeutet Big Fun in der Küche und Big Genuss auf dem Teller. Ob geröstetes Müsli am Morgen, Chicken-Wraps FÜR UNTERWEGS oder One-Pan-Pasta am Mittag: Ich zeige Ihnen, was eine Pfanne alles draufhat! Egal zu welcher Tageszeit, egal ob mit FLEISCH, FISCH oder VEGETARISCH, SÜSS oder HERZHAFT. Manche Überraschung ist dabei garantiert. Am Nachmittag wartet ein knuspriger BRATAPFEL-CRUMBLE zum Kaffee, herrlich aromatisches MANGO-GARNELEN-CURRY ist EIN HIGHLIGHT am Abend, später – zum Knabbern – locken raffiniert gewürzte gebrannte Cashewkerne – alles GANZ EASY in nur einer Pfanne zubereitet. So kochen Sie VÖLLIG STRESSFREI, und die Küche gleicht garantiert nie wieder einem Schlachtfeld. Daneben versorge ich Sie mit allerlei Know-how rund ums BRATEN, DÜNSTEN UND FRITTIEREN ... und gebe Ihnen damit eine kleine Einführung in die Wunder der Big Pan Theory!

Also, nichts wie ran an die Pfanne!

Viel Spaß wünscht

Martin Kintrup

KLEINE PFANNENKUNDE

EINE FÜR ALLE(S)?

Guss-, Schmiedeeisen oder Edelstahl?

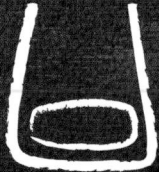

BIG PAN THEORY

A Short Pan Theory

Pfannen gibt es mittlerweile in allen erdenklichen Ausführungen mit vielerlei Materialkombinationen in Böden und Beschichtungen und mit verschiedenen Brateigenschaften. Folgende Grundtypen können aber unterschieden werden.

Guss- oder Schmiedeeisen

Eisenpfannen sind sehr langlebig, nahezu unkaputtbar, absolute Allrounder und ideal für die Zubereitung von Bratkartoffeln und Steaks, besonders als Grillpfanne mit gerillter Bratfläche. Während sich bei den etwas rauen gusseisernen Pfannen von selbst über die Zeit eine Patina bildet, die das Bratgut vor dem Anbacken schützt, müssen schmiedeeiserne Pfannen zu Beginn der Nutzung aktiv eingebrannt werden. Dafür die Pfanne mit Bratfett, Kartoffeln und Salz so lange erhitzen, bis Boden und Bratgut richtig dunkel geworden sind – genaue Anleitungen dazu finden Sie in den Infomaterialien beim Kauf einer entsprechenden Pfanne. Anschließend die Pfanne mit heißem Wasser spülen und abtrocknen. Bei den weiteren Bratvorgängen bildet sich dann nach und nach eine immer bessere Beschichtung aus. Nach dem Braten dann immer nur mit Küchenpapier und etwas Salz ausreiben und zur Lagerung mit Öl einreiben. Schmiedeeiserne Pfannen werden wegen der guten Handhabung im Dauergebrauch gerne von professionellen Köchen verwendet. Achtung: Niemals auf zu kleinen Herdplatten erhitzen. Durch die Temperaturunterschiede von der Mitte zum Rand der Pfanne kann sich der Boden verziehen. Da Eisenpfannen nicht beschichtet sind, sollten die Speisen nach dem Braten nicht für längere Zeit in den Pfannen bleiben, da sie sonst mit dem Metall reagieren können und so die Korrosion fördern.

Edelstahl

Die robusten Edelstahlpfannen haben keine besonders gute Wärmeleitung. Durch Sandwichböden, in denen andere Materialien wie Aluminium oder Kupfer eingearbeitet sind, wird diese jedoch stark verbessert. Was auf den ersten Blick ein Nachteil ist, sorgt gleichzeitig für eine gleichmäßige Wärmeabgabe und gute Brateigenschaften. Besonders gut eignen sich die Pfannen daher für Schmorgerichte und Pfannkuchen, bei starker Hitze aber auch für Kurzgebratenes. Im Gegensatz zu anderen Pfannen können Edelstahlpfannen mit Spülmittel gereinigt werden und danach mit einem Küchentuch trocken gerieben werden. Mein Handling-Tipp für ungeduldige Köche: Anbraten bei zu geringer Temperatur und zu frühes Wenden des Bratguts verzeiht die Pfanne nicht – dann backt alles an, Frust ist garantiert! Die richtige Zubereitung: Die Pfanne so kräftig erhitzen, bis ein Löffel Wasser, der in die Pfanne gegeben wird, als ein Tropfen auf der heißen Oberfläche tanzt. Sobald der Tropfen verdampft ist, Fett oder Öl in die Pfanne geben und das Bratgut darin anbraten, bis es sich von alleine vom Boden löst, dafür immer mal wieder mit dem Pfannenwender testen. Dann wenden und fertig braten.

Antihaftbeschichtet

Der Klassiker, die sogenannte Teflon-Pfanne mit Polytetrafluorethylen-Beschichtung (PTFE), ist zwar auf den ersten Blick praktisch, hat aber einige entscheidende Nachteile. Die Beschichtung ist sehr kratzempfindlich und daher schnell hinüber. Außerdem verträgt sie keine starke Hitze. Daher findet in ihr die sogenannte Maillard-Reaktion, die für den besonderen Geschmack von Gebratenem sorgt, nicht statt. Für Spiegeleier oder Pfannkuchen ist sie jedoch perfekt geeignet und zudem mit Küchenpapier blitzschnell gereinigt. Pfannen mit neuartiger Keramikbeschichtung sind wesentlich robuster und kratzfester und können zudem stark erhitzt werden. In ihnen gelingen alle klassischen Zubereitungen sehr gut. Achten Sie jedoch beim Kauf unbedingt auf robuste Qualität. Emaillebeschichtungen sind keine klassischen Antihaftbeschichtungen, haben aber eine reduzierte Haftung. Sie sind Allrounder und haben in allen Bereichen gute Brateigenschaften. Grundsätzlich ist anzumerken, dass in Beschichtungen häufig Stoffe verarbeitet werden, die im Körper gesundheitsschädlich wirken können, z.B. Kobalt oder Antimon in Emaillebeschichtungen. Dass diese sich teilweise lösen können, wurde in verschiedenen Tests nachgewiesen. Wer dahingehend Bedenken hat, sollte auf Eisen- oder Stahlpfannen ausweichen. Unter den beschichteten Pfannen sind Keramikpfannen die beste Wahl.

Weitere Pfannentypen

Kupferpfannen sind besonders in Frankreich und in der professionellen Küche beliebt. Das liegt an ihrer perfekten Wärmeleitfähigkeit. Daher benutzen Profiköche sie auch gerne auf dem Gasherd, auf dem sie blitzschnell heiß sind. Da Kupfer schnell mit anderen Stoffen reagiert, sind die Innenseiten der Pfannen stets beschichtet, entweder mit Zinn, Edelstahl oder Keramik. Auch Aluminium hat eine sehr gute Wärmeleitfähigkeit und noch dazu ein sehr geringes spezifisches Gewicht. Daher werden Aluminiumpfannen immer beliebter. Diese sind ebenfalls immer beschichtet. Deshalb gelten bei ihnen die gleichen Handling-Tipps und Einschränkungen wie bei anderen antihaftbeschichteten Pfannen.

Pfannenzubehör

Für die Pfannenküche braucht es nicht allzu viel. Ein Pfannenwender ist unerlässlich. Während dieser bei Eisen- und Stahlpfannen ruhig aus Metall sein darf, sind bei anderen Materialen zur Vermeidung von Kratzern Holz- oder Kunststoffwender zu bevorzugen. Für die Zubereitung von Fleisch empfiehlt sich zudem eine Zange, mit der das Wenden von empfindlichen Steaks perfekt gelingt. Abgerundet wird das Pfannenzubehör durch einen Schaumlöffel, mit dem Frittiergut aus dem heißen Fett gehoben werden kann.

KAPITEL

1

SCHMECKT WIE BEI MUTTI

Klassiker & Hausmannskost

BIG PAN THEORY

Brokkoli-Bärlauch-Pfannkuchen mit Pilzen

☞ ca. 40 Min.
★★ mittel
4 Pfannkuchen

1 Für den Teig den Brokkoli putzen, waschen, trocken tupfen und im Blitzhacker fein mahlen. Mehl, Milch und 1 Prise Salz mit dem Schneebesen verrühren. Eier und Mineralwasser unterschlagen. Den Brokkoli und das Bärlauchpesto unterrühren.

2 Für die Füllung die Pilze putzen, trocken abreiben und in Scheiben schneiden. Die Frühlingszwiebeln putzen, waschen und in Ringe schneiden. Das Öl in der Pfanne erhitzen und den Speck darin auslassen. Die Pilze dazugeben und etwa 5 Minuten mitbraten, bis sie gar sind. Die Frühlingszwiebeln hinzufügen und noch 1 bis 2 Minuten weiterbraten. Den Honig dazugeben und aufkochen lassen, mit 1 EL Essig ablöschen. Alle Zutaten gut verrühren und mit Salz, Pfeffer und etwas Essig abschmecken. Die Mischung in eine Schüssel umfüllen und die Pfanne gründlich säubern.

3 Je 1 TL Öl und Butter in der Pfanne erhitzen, 1 Kelle Teig hineingeben und durch Schwenken gleichmäßig in der Pfanne verteilen. Bei mittlerer Hitze backen, bis die Unterseite leicht gebräunt ist. Den Pfannkuchen wenden. Eine Hälfte mit einem Viertel des Frischkäses bestreichen und 1 TL Bärlauchpesto darüberträufeln. Ein Viertel der Pilz-Speck-Zwiebel-Mischung darauf verteilen und den Pfannkuchen backen, bis auch die zweite Seite gebräunt ist.

4 Den Pfannkuchen zusammenklappen und auf einen Teller gleiten lassen. Etwas Kresse vom Beet schneiden und darüberstreuen. Die übrigen Pfannkuchen genauso zubereiten.

TIPP
Für eine mediterrane Note 4 getrocknete Tomaten (in Öl) abtropfen lassen, in kleine Würfel schneiden und mit den Pilzen anbraten.

ZUTATEN
Für den Teig:
100 g Brokkoliröschen
100 g Mehl
100 ml Milch
Salz
2 Eier (Gr. M)
50 ml Mineralwasser (mit Kohlensäure)
2 TL Bärlauchpesto (aus dem Glas)
Für die Füllung:
250 g Egerlinge, Champignons oder Shiitakepilze
2 Bund Frühlingszwiebeln
½ EL Öl
150 g durchwachsener Speck (in Würfeln)
2 TL Honig
1–2 EL Balsamico bianco
Salz
Pfeffer aus der Mühle
150 g Ziegenfrischkäse
4 TL Bärlauchpesto (aus dem Glas)
Außerdem:
Öl und Butter zum Braten
1 Beet Kresse

Grünkernpuffer mit Rote-Bete-Feta-Topping

Waikiki Hash Browns mit Mango-Ananas-Salsa

Grünkernpuffer mit Rote-Bete-Feta-Topping

☞ ca. 45 Min.
★★ mittel
2 Personen

1 Für die Puffer die Möhren putzen, schälen und grob raspeln. Den Lauch putzen, der Länge nach halbieren, in Streifen schneiden, waschen und abtropfen lassen. Den Knoblauch schälen und in feine Würfel schneiden.

2 In der Pfanne 1 EL Olivenöl erhitzen, Möhren und Lauch darin bei mittlerer Hitze etwa 5 Minuten anbraten. Den Knoblauch kurz mitbraten. Currypulver, Honig und Essig unterrühren, dann den Grünkernschrot einrühren. Die Brühe dazugießen und zum Kochen bringen. Die Herdplatte ausstellen und den Grünkern zugedeckt 15 Minuten gar ziehen lassen.

3 Inzwischen für das Topping die Rote Bete abtropfen lassen und in kleine Würfel schneiden. Den Feta ebenfalls in kleine Würfel schneiden. Beides mit den Haselnussblättchen, Dill, Essig und Olivenöl verrühren. Mit Salz, Pfeffer und Honig würzen.

4 Die Grünkernmasse in eine Schüssel umfüllen und einige Minuten abkühlen lassen, inzwischen die Pfanne säubern. Ei, Mehl und Senf zur Grünkernmasse geben und gründlich untermischen. Aus der Grünkernmasse 8 flache, etwa 1 cm dicke Bratlinge formen. Diese in zwei Portionen in jeweils 2 bis 3 EL Olivenöl auf jeder Seite 3 bis 4 Minuten goldbraun braten. Auf Küchenpapier abtropfen lassen.

5 Die Grünkernpuffer auf zwei Tellern anrichten und das Rote-Bete-Feta-Topping dazu servieren. Nach Belieben noch mit Dill garnieren.

ZUTATEN
Für die Puffer:
2 Möhren (ca. 200 g)
1 Stange Lauch
1 Knoblauchzehe
Olivenöl zum Braten
1 TL Currypulver
2 TL Honig
1 EL Balsamico bianco
125 g Grünkernschrot
200 ml Gemüsebrühe
1 Ei (Gr. M)
3 EL Mehl
2 TL Dijon-Senf
Salz
Pfeffer aus der Mühle

Für das Topping:
100 g Rote Bete (vorgegart und vakuumverpackt)
100 g Feta (oder anderer Salzlakenkäse)
1 EL Haselnussblättchen
1 EL gehackter Dill
1 EL Weißweinessig
1 EL Olivenöl
Salz
Pfeffer aus der Mühle
Honig

Waikiki Hash Browns mit Mango-Ananas-Salsa

☞ ca. 30 Min.
★ einfach
2 Personen

1 Für die Salsa Mango- und Ananasfruchtfleisch in feine Würfel schneiden. Die Frühlingszwiebeln putzen, waschen und in Ringe schneiden. Alles mit Honig und Limettensaft verrühren und mit Salz, Pfeffer und Cayennepfeffer leicht scharf abschmecken. Das Koriandergrün unterrühren.

2 Für die Hash Browns die Kartoffeln schälen und waschen. Eine Hälfte grob, die andere Hälfte fein reiben, mischen. Mit dem Mehl und dem Ei verrühren und mit Salz würzen. Die Käsescheiben halbieren.

3 In der Pfanne 1 cm hoch Öl erhitzen. 4 gehäufte EL Kartoffelmasse in die Pfanne geben, zu einem flachen Fladen drücken und auf der Unterseite goldbraun ausbacken. Wenden und die Oberseite mit Küchenpapier leicht abtupfen. Mit 2 halben Käsescheiben belegen und weiterbacken, bis die Unterseite ebenfalls goldbraun und der Käse geschmolzen ist. Auf Küchenpapier abtropfen lassen. Auf diese Weise 3 weitere Hash Browns backen.

4 Die Hash Browns auf zwei Teller verteilen und mit je 2 Schinkenscheiben belegen. Jeweils etwas Mango-Ananas-Salsa daraufgeben und das Ganze sofort servieren.

ZUTATEN

Für die Salsa:
125 g Mangofruchtfleisch
125 g Ananasfruchtfleisch
2 Frühlingszwiebeln
1 TL Honig
1 EL Limettensaft
Salz
Pfeffer aus der Mühle
Cayennepfeffer
1 EL gehacktes Koriandergrün

Für die Hash Browns:
650 g festkochende Kartoffeln
1 EL Mehl
1 Ei (Gr. M)
Salz
4 Scheiben Cheddar (ca. 100 g)
Öl zum Ausbacken
8 kleine Scheiben roher Schinken (ca. 60 g)

Getrüffelte Käsespätzle all'italiana

☞ ca. 30 Min.
+ 30 Min. Ruhen
★★ mittel
2 Personen

1 Für die Spätzle das Mehl, 1 Msp. Salz, die Eier und das Mineralwasser mit dem Schneebesen zu einem glatten Teig schlagen. Trüffelöl und Butter unterschlagen und den Teig 10 Minuten quellen lassen.

2 In einer hohen Pfanne 5 cm hoch Salzwasser aufkochen und knapp unter dem Siedepunkt halten. Den Spätzleteig schlagen, bis er Blasen wirft, in einen Durchschlag füllen und mit dem Teigschaber durch die Löcher ins Wasser streichen. Mit einem Holzlöffel durchrühren und warten, bis die Spätzle nach oben steigen. Inzwischen den Durchschlag säubern. Die Spätzle noch einmal sprudelnd aufkochen lassen, in den Durchschlag abgießen, kalt abschrecken und abtropfen lassen. Auf einem mit Backpapier ausgelegten Backblech verteilen und 30 Minuten ruhen lassen. Die Pfanne säubern.

3 Zwiebeln und Knoblauch schälen und in feine Würfel schneiden. Kräuter waschen und trocken tupfen. Schnittlauch in feine Röllchen schneiden. Von den übrigen Kräutern Blättchen bzw. Nadeln abzupfen und grob hacken. Den Käse reiben, die Tomaten abtropfen lassen.

4 Das Olivenöl in der Pfanne erhitzen und die Zwiebeln darin etwa 8 Minuten anbraten, bis sie gebräunt sind. Den Knoblauch und die italienischen Kräuter 1 bis 2 Minuten mitbraten. Den Honig dazugeben, mit Essig ablöschen und mit Salz würzen. Tomaten und Spätzle hinzufügen und bei schwacher Hitze schwenken, bis die Spätzle heiß sind.

5 Die Sahne und das Trüffelöl oder die Trüffelbutter unterrühren. Den Käse darüberstreuen und locker untermischen. Zugedeckt bei schwacher Hitze 2 bis 3 Minuten ziehen lassen, bis er geschmolzen ist. Die Spätzle auf zwei Teller verteilen, mit etwas grob gemahlenem Pfeffer würzen und mit dem Schnittlauch bestreuen.

ZUTATEN

Für die Spätzle:
220 g Mehl
Salz
2 Eier (Gr. M)
100 ml Mineralwasser (mit Kohlensäure)
2 TL Trüffelöl
1 EL flüssige Butter

Außerdem:
2 Zwiebeln
1 Knoblauchzehe
½ Bund Schnittlauch
5–6 Zweige gemischte italienische Kräuter (z. B. Rosmarin, Thymian, Oregano, Salbei, Basilikum)
150 g gemischter Käse (am Stück; z. B. Gruyère, Stilfser und Emmentaler)
50 g halb getrocknete Tomaten (in Öl)
1 EL Olivenöl
1 TL Honig
1 EL Balsamico bianco
Salz
2 EL Sahne
1 EL Trüffelöl oder -butter
Pfeffer aus der Mühle

Sauerkrautfleckerl mit Bacon

☞ ca. 20 Min.
★ einfach
2 Personen

1 Die Zwiebel schälen und in feine Würfel schneiden. Die Möhre putzen, schälen und in Scheiben schneiden. Den Speck quer in Streifen schneiden. Die Lasagneplatten in schmale Streifen brechen. Die Wacholderbeeren andrücken.

2 Das Öl in der Pfanne erhitzen. Zwiebel, Möhre und Speck darin anbraten. Wacholderbeeren, Nelken und 1 Msp. Kümmel dazugeben und alles kurz durchschwenken. Das Sauerkraut hinzufügen und 2 bis 3 Minuten mitdünsten. Die Nudelstreifen untermischen. In einem Rührbecher ½ l heißes Wasser mit der gekörnten Brühe und dem Zucker verrühren, dazugeben und aufkochen. Alles bei mittlerer Hitze unter gelegentlichem Rühren 8 Minuten zugedeckt köcheln lassen.

3 Inzwischen den Käse reiben. Sobald die Nudeln bissfest sind, den Käse unterrühren und die Fleckerl mit Salz und Pfeffer würzen. Wacholderbeeren und Nelken entfernen. Die Fleckerl auf zwei Teller verteilen und nach Belieben mit Schnittlauch oder Petersilie garnieren.

ZUTATEN

1 Zwiebel
1 Möhre (ca. 150 g)
50 g Frühstücksspeck (Bacon; in Scheiben)
200 g Lasagneplatten
2 Wacholderbeeren
2 EL Öl
2 Gewürznelken
ganzer Kümmel
1 Dose Sauerkraut (ca. 380 g)
2 TL gekörnte Gemüsebrühe
2 TL Zucker
50 g Bergkäse (am Stück)
Salz
Pfeffer aus der Mühle

Schupfnudelsalat
mit Tomaten und Oliven

☞ ca. 20 Min.

★ einfach

4 Personen

1 Für das Dressing Essig, Honig und Senf verrühren. Den Knoblauch schälen und dazupressen. Das Öl nach und nach unterschlagen und das Dressing mit Salz und Pfeffer würzen. Die gehackten Gartenkräuter unterrühren.

2 Das Olivenöl und die Butter in der Pfanne erhitzen. Die Schupfnudeln darin bei schwacher bis mittlerer Hitze unter gelegentlichem Wenden etwa 10 Minuten rundum goldbraun braten.

3 Inzwischen das Salatherz zerpflücken, den Rucola verlesen, beides waschen und trocken schleudern. Vom Rucola grobe Stiele entfernen, von beiden Salaten die Blätter nach Belieben etwas klein zupfen. Die Tomaten waschen und halbieren. Den Apfel waschen und halbieren, das Kerngehäuse entfernen. Die Hälften in Spalten und diese in Scheiben schneiden. Romanasalat, Rucola, Tomaten, Apfel, Oliven und Walnusskerne in einer Schüssel mischen.

4 Sobald die Schupfnudeln fertig gebraten sind, die anderen Salatzutaten mit dem Dressing in einer großen Schüssel mischen. Die Schupfnudeln dazugeben, alles kurz verrühren, auf vier Tellern anrichten und sofort servieren.

ZUTATEN

Für das Dressing:

4 EL Aceto balsamico oder Balsamico bianco

1 EL Honig

1 EL Dijon-Senf

1 Knoblauchzehe

6 EL Öl (z. B. Traubenkernöl)

Salz

Pfeffer aus der Mühle

2 EL gehackte Gartenkräuter (z. B. Dill, Kerbel, Petersilie, Minze, Schnittlauch)

Außerdem:

2 EL Olivenöl

20 g Butter

500 g Schupfnudeln (aus dem Kühlregal)

1 Romanasalatherz

125 g Rucola

200 g bunte Cocktailtomaten

1 Apfel (z. B. Elstar)

40 g getrocknete schwarze Oliven

1 Handvoll Walnusskerne

Rahmgulasch mit Pilzen

☞ ca. 80 Min.
+ 30 Min. Einweichen
★★ mittel
2 Personen

1 Die getrockneten Pilze knapp mit warmem Wasser bedecken und 30 Minuten einweichen.

2 Die Zwiebeln schälen und in Spalten schneiden. Das Schmalz in der Pfanne erhitzen und die Zwiebeln darin anbraten. Das Fleisch hinzufügen und weiterbraten, bis die Zwiebeln und das Fleisch gut gebräunt sind. Das Tomatenmark und den Honig dazugeben und leicht karamellisieren. Mit dem Wein ablöschen und diesen etwas verkochen lassen. 600 ml Brühe dazugießen. Die Pilze samt der Einweichflüssigkeit dazugeben. Das Lorbeerblatt, zerstoßene Pimentkörner, 1 Msp. Kümmel und den Thymian hinzufügen. Zum Kochen bringen. Das Gulasch zugedeckt bei mittlerer Hitze 40 Minuten köcheln lassen.

3 Die Paprikaschote längs halbieren, entkernen, waschen und klein schneiden. Den Lauch putzen, in Ringe schneiden, waschen und abtropfen lassen. Die Kartoffeln schälen und in Scheiben schneiden.

4 Nach 40 Minuten die übrige Brühe sowie 1 TL Paprikapulver zum Gulasch geben. Kartoffeln, Lauch und Paprika hinzufügen und alles zugedeckt weitere 15 Minuten garen.

5 Die frischen Pilze putzen, trocken abreiben, in dicke Scheiben schneiden und diese halbieren. Nach 15 Minuten zum Gulasch geben. Alle Zutaten 5 Minuten zugedeckt garen, dann 10 bis 15 Minuten offen köcheln, bis ein sämiges Gulasch entstanden ist. Die Sahne unterrühren und das Gulasch mit Salz, Pfeffer, Paprikapulver und Essig abschmecken. Auf zwei Teller verteilen und nach Belieben mit Petersilie bestreut servieren.

ZUTATEN

1 Handvoll getrocknete Steinpilzscheiben
250 g Zwiebeln
1 EL Schweine- oder Butterschmalz
300 g Schweinegulasch
1 EL Tomatenmark
1 EL Honig
100 ml trockener Rotwein
800 ml Gemüse- oder Fleischbrühe
1 Lorbeerblatt
2 Pimentkörner
ganzer Kümmel
1 TL getrockneter Thymian
1 rote Paprikaschote
1 Stange Lauch
350 g festkochende Kartoffeln
1–2 TL rosenscharfes Paprikapulver
200 g Champignons oder Egerlinge
50 g Sahne
Salz
Pfeffer aus der Mühle
Aceto balsamico

STEAKS UND SCHNITZEL

– So werden sie perfekt! –

Pfannen und Fleisch sind ein ideales Gespann. Denn durch die starke Kontakthitze entstehen beim Bräunen in der sogenannten Maillard-Reaktion zahlreiche aromatische Röststoffe, die für einen unvergleichlichen Geschmack sorgen. Genauso lecker: Statt gebräuntem Fleisch eine braune Kruste aus Bröseln – wer kann da schon widerstehen? Und was sind hierzulande die absoluten Lieblinge der Fleischküche? Natürlich saftige Rindersteaks und knusprig panierte Schnitzel! Hier erfahren Sie, worauf Sie achten sollten.

Das Who's Who des Steaks

Rindersteaks stammen aus Filet, Roastbeef, Hüfte oder Rippe. Je nach Zuschnitt heißen sie dann Filetsteak, Rumpsteak, T-Bone, Rib Eye, Sirloin, Chateaubriand oder Entrecôte. Die meisten übrigen Fleischstücke vom Rind werden beim Kurzbraten zu zäh und sind eher fürs langsame Schmoren geeignet. Wichtig für zarte Steaks: Achten Sie beim Kauf darauf, dass die Fleischstücke gut abgehangen sind, das heißt, nach der Schlachtung mindestens drei, besser vier Wochen reifen konnten. Das Fleisch sollte für Steaks immer mindestens 2 cm dick geschnitten werden, sonst wird es beim Braten schnell trocken. Steaks etwa 30 Minuten vor dem Braten aus dem Kühlschrank nehmen und Zimmertemperatur annehmen lassen, erst nach dem Braten mit Salz und Pfeffer würzen.

How-to

Für die Zubereitung hat sich die Kombination von Pfanne und Ofen bewährt. Den Ofen dafür auf 90°C vorheizen. Zum Braten wenig Butterschmalz oder hoch erhitzbares Öl, z.B. Erdnussöl, verwenden. Eine gusseiserne oder Stahlpfanne – beide ofenfest – stark erhitzen und das Fett hineingeben. Die Steaks mit Küchenpapier trocken tupfen und anbraten, bis sie sich vom Boden lösen, dann wenden und weiterbraten. Schließlich samt Pfanne in den Ofen schieben und sanft fertig garen. Anschließend aus der Pfanne nehmen, in Alufolie wickeln und ruhen lassen, damit sich das Fleisch entspannen kann und sich der Fleischsaft gleichmäßig verteilt. Zum Braten immer eine Fleischzange verwenden, niemals in das Fleisch stechen, damit der wertvolle Saft nicht austritt. Brat- und

Garzeiten im Ofen hängen von der Dicke des Fleisches und Ihren persönlichen Vorlieben ab. Eine Übersicht finden Sie in folgender Tabelle (für ein 2 cm dickes Steak, pro weiterem cm jeweils 1 Minute bei Brat- und Ruhezeit dazurechnen):

	English Rare – innen roh	Medium – im Kern rosa	Well Done – durchgebraten
Bratzeit pro Seite	1– 2 Minuten	3 Minuten	4–5 Minuten
Ruhezeit im Ofen	6–8 Minuten	4–5 Minuten	1–2 Minuten
Ruhezeit in Alufolie	1–2 Minuten	1–2 Minuten	1–2 Minuten

 # PERFEKT PANIERT

Schnitzel trocken tupfen, salzen und pfeffern. Wer mag, variiert beim Würzen, indem er die Schnitzel mit Knoblauch abreibt oder Paprikapulver und Thymian mit wenig Senf oder einem Tropfen Öl in das Fleisch einreibt. Zum Panieren am besten selbst gemachte Brösel nehmen, sie werden beim Braten besonders knusprig. Dafür altbackene Brötchen mit der Küchenreibe oder im Blitzhacker fein reiben bzw. mahlen. Auf einen Teller häufen. Für Abwechslung noch etwas geriebenen Parmesan, gehackten Thymian oder Rosmarin oder gemahlene Haselnüsse dazugeben. Mehl auf einen zweiten Teller häufen. In einem tiefen Teller 2 Eier mit 2 EL Milch oder Sahne verquirlen, evtl. mit Knoblauch oder Zitronenschale würzen. Fleisch im Mehl wenden – so bleibt das Ei gut daran haften. Überschüssiges Mehl abklopfen. Schnitzel durch das Ei ziehen und in den Bröseln wenden, sodass sie rundum überzogen sind.

Ab in die Pfanne

Öl oder Pflanzenfett sind hier tabu: Am besten brät sich ein Schnitzel in Butterschmalz, dieses lässt sich hoch erhitzen, und der feine Buttergeschmack gehört einfach dazu. Außerdem sollten die Schnitzel beim Braten schwimmen, damit sich die Panade wieder leicht vom Schnitzel lösen kann und schön wellig wird. Dafür mindestens 1 cm hoch Butterschmalz in einer großen gusseisernen oder Stahlpfanne erhitzen. Das Fett ist heiß genug, wenn an einem Holzlöffelstiel sofort Bläschen aufsteigen, sobald er in das Fett gehalten wird. Höchstens zwei Schnitzel gleichzeitig vorsichtig in die Pfanne gleiten lassen und von beiden Seiten je etwa 4 Minuten goldgelb ausbacken. Die Schnitzel ganz vorsichtig in der Pfanne schwenken und dabei das heiße Fett über die Oberseite schöpfen. Die fertigen Schnitzel auf Küchenpapier abtropfen lassen. Mit Zitronenschnitzen servieren.

Filetpfanne mit Gnocchi, grünem Spargel und Pilzen

☞ ca. 40 Min.
★★ mittel
2 Personen

1 Den Spargel waschen, im unteren Drittel schälen und die holzigen Enden abschneiden. Die Stangen in etwa 5 cm lange Stücke schneiden. Die Pilze putzen und, falls nötig, trocken abreiben. Von den Shiitakepilzen den Stiel entfernen. Große Shiitakepilze halbieren, Kräuterseitlinge schräg in Scheiben schneiden. Das Schweinefilet in etwa 2 cm dicke Scheiben schneiden. Den Knoblauch schälen und in feine Würfel schneiden.

2 In der Pfanne 1 EL Öl erhitzen und die Gnocchi darin zugedeckt 5 bis 6 Minuten braten, dabei immer wieder schwenken, sodass sie rundum leicht gebräunt sind. Die Gnocchi herausnehmen und zugedeckt beiseitestellen. Wieder 1 EL Öl in der Pfanne erhitzen und die Schweinefiletscheiben darin auf jeder Seite anbraten, bis sie leicht gebräunt sind, dann wieder herausnehmen.

3 Das restliche Öl erhitzen und die Pilze sowie den Spargel bei starker Hitze darin anbraten, bis alles leicht gebräunt ist. Den Knoblauch und 1 TL Honig hinzufügen und leicht karamellisieren. Mit Portwein und Essig ablöschen. Die Brühe und die Sahne dazugeben und zum Kochen bringen. Zuerst mit geschlossenem Deckel 2 Minuten, dann offen weitere 2 Minuten köcheln lassen. Das Fleisch hinzufügen und alles offen 2 bis 3 Minuten weiterköcheln, bis Spargel und Fleisch knapp gar sind.

4 Die Filetpfanne mit Salz, Pfeffer und Honig würzen. Die Gnocchi darauf verteilen und mit geschlossenem Deckel bei schwacher Hitze 1 bis 2 Minuten erwärmen. Die Filetpfanne auf zwei Teller verteilen, mit dem Schnittlauch bestreut servieren. Dazu passt ein grüner Salat.

ZUTATEN

250 g grüner Spargel
je 100 g Shiitakepilze und Kräuterseitlinge
300 g Schweinefilet
1 Knoblauchzehe
3 EL Öl
200 g frische Gnocchi (aus dem Kühlregal)
1–2 TL Honig
3 cl Portwein
2 EL Balsamico bianco
200 ml Gemüsebrühe
100 g Sahne
Salz
Pfeffer aus der Mühle
1 EL Schnittlauchröllchen

Big BLT-BBQ (Bacon-Lettuce-Tomato-Burger)

☞ ca. 45 Min.
★★ mittel
4 Burger

1 Für die Sauce Zwiebel und Knoblauch schälen und in feine Würfel schneiden. Das Öl in der Pfanne erhitzen und die Zwiebel darin glasig dünsten. Den Knoblauch und die Pfefferkörner dazugeben und 1 Minute dünsten. 3 EL Ahornsirup dazugeben und aufkochen. Tomatenmark, Essig, Worcestershire- und Sojasauce sowie 1 Prise Cayennepfeffer hinzufügen und kurz dünsten. 150 ml Wasser angießen und aufkochen lassen. Mit dem Rauchsalz würzen und bei mittlerer Hitze etwa 5 Minuten sehr dickflüssig einkochen lassen. Mit Rauchsalz und Ahornsirup abschmecken und in ein Schälchen füllen. Die Pfanne säubern.

2 Für die Burger den Salat waschen und trocken schleudern. Die Tomaten waschen und in Scheiben schneiden, dabei die Stielansätze entfernen. Wenig Öl in der Pfanne erhitzen, den Speck darin portionsweise knusprig auslassen und wieder herausnehmen. Pfanne säubern.

3 Das Hackfleisch vierteln und mit einer Hamburgerpresse oder zwischen zwei Lagen Frischhaltefolie zu dicken Pattys pressen. Je 2 Burger auf einmal zubereiten: Dafür wenig Öl in der Pfanne erhitzen und 2 Pattys darin etwa 4 Minuten anbraten, bis die Unterseite gut gebräunt ist. Wenden und noch einmal 4 Minuten braten. 2 Brötchen halbieren und die Unterseiten im Toaster aufbacken.

4 Die Hälfte des Specks kurz in der Pfanne mitbraten. Die Pattys mit Salz und Pfeffer würzen, wenden und wieder salzen und pfeffern. Die Unterseiten der Brötchen mit je ½ EL Mayonnaise bestreichen, die oberen Hälften toasten. Die Unterseiten mit Salat und Tomatenscheiben belegen. Die Pattys darauflegen, mit 1 bis 2 EL Sauce bestreichen und mit dem Speck belegen. Oberseiten der Brötchen mit je 1 EL Mayonnaise bestreichen und auflegen. Die übrigen Burger genauso zubereiten und sofort servieren.

ZUTATEN
Für die Sauce:
1 Zwiebel
1 Knoblauchzehe
1 EL Öl
1 TL eingelegte grüne Pfefferkörner
3–3½ EL Ahornsirup
100 g Tomatenmark
3 EL Balsamico bianco
1 EL Worcestershiresauce
½ EL Sojasauce
Cayennepfeffer
Rauchsalz (z. B. Old Hickory oder dänisches Rauchsalz)
Für die Burger:
1 Romanasalatherz
2 Tomaten
Öl zum Braten
60 g Frühstücksspeck (Bacon; in Scheiben)
600 g Rinderhackfleisch
4 Burgerbrötchen
Salz
Pfeffer aus der Mühle
6 EL Salatmayonnaise

Nordisch by nature –
Kräutercreme und
marinierte Krabben

Basic Bratkartoffeln –
superknusprig

Veggielicious – Radieschenquark mit Knackfrisch-Topping

Basic Bratkartoffeln – superknusprig

ca. 45 Min. • ★ • 2 Personen

900 g festkochende Kartoffeln • 50 g Schweine- oder Butterschmalz • 2 EL Olivenöl • Salz • Pfeffer aus der Mühle • Cayennepfeffer

1 Die Kartoffeln schälen, waschen und in Scheiben schneiden. 30 g Schmalz und das Olivenöl in der (großen!) Pfanne erhitzen und die Hälfte der Kartoffelscheiben nebeneinander hineinlegen. Bei mittlerer Hitze unter gelegentlichem Wenden etwa 12 Minuten braten, bis die Kartoffeln rundum gut gebräunt und gar sind.

2 Die Kartoffeln aus der Pfanne nehmen und auf Küchenpapier abtropfen lassen. Das restliche Schmalz in die Pfanne geben und die übrigen Kartoffelscheiben genauso braten. Ebenfalls herausnehmen, auf Küchenpapier abtropfen und etwas abkühlen lassen, bis die Kartoffeln wieder weich werden.

3 Die Pfanne erneut erhitzen. Alle Kartoffelscheiben in die Pfanne geben und rundum knusprig braun braten, dabei immer wieder wenden. Kurz auf Küchenpapier abtropfen lassen. Mit Salz, Pfeffer und Cayennepfeffer würzen, auf zwei Teller verteilen und servieren, z.B. mit Kräuercreme, Radieschenquark oder Spiegelei (siehe rechts).

Nordisch by Nature – Kräutercreme und marinierte Krabben

ca. 10 Min. • ★ • 2 Personen

2–3 Stiele Dill • 100 g Nordseekrabben (gegart und geschält) • 2 TL Honigsenf • 1½ EL Balsamico bianco • Salz • Pfeffer aus der Mühle • 1 Frühlingszwiebel • 150 g griechischer Joghurt • 1 Rezept Bratkartoffeln (siehe links)

1 Den Dill waschen und trocken tupfen, die Spitzen abzupfen und fein hacken. Die Krabben mit 1 TL Honigsenf, 1 EL Essig und 1 EL gehacktem Dill verrühren. Mit Salz und Pfeffer würzen.

2 Die Frühlingszwiebel putzen, waschen, in Ringe schneiden und fein hacken. Den Joghurt mit dem restlichen Honigsenf und dem übrigen Essig verrühren. 1 EL Dill und die gehackte Frühlingszwiebel unterrühren. Die Kräutercreme mit Salz und Pfeffer würzen.

3 Die zubereiteten Bratkartoffeln (siehe links) auf zwei Teller verteilen. Die Kräutercreme daneben anrichten und die Krabben darauf verteilen. Mit dem übrigen Dill garnieren.

Veggielicious – Radieschenquark mit Knackfrisch-Topping

ca. 10 Min. • ★ • 2 Personen

Für den Quark: 150 g Radieschen • 250 g Speisequark (20 % Fett) • 2 TL Meerrettich (frisch gerieben oder aus dem Glas) • 1 EL körniger Senf 2 TL Honig • Salz • Pfeffer aus der Mühle • Balsamico bianco • 1 Msp.–½ TL gemahlener Schabzigerklee (nach Belieben)
Für das Topping: 150 g Cocktailtomaten • 150 g Salatgurke • 4 Frühlingszwiebeln • 1 EL Olivenöl 1 EL Balsamico bianco • Salz • Pfeffer aus der Mühle
Außerdem: 1 Rezept Bratkartoffeln (siehe links) 1 Beet Kresse

1 Für den Quark die Radieschen putzen, waschen und mit der Gemüsereibe grob reiben. Mit Quark, Meerrettich, Senf und Honig verrühren. Mit Salz, Pfeffer und Essig würzen. Nach Belieben mit dem Schabzigerklee abschmecken.

2 Für das Topping die Tomaten und die Gurke waschen. Die Tomaten halbieren, die Gurke der Länge nach vierteln und in Scheiben schneiden. Die Frühlingszwiebeln putzen, waschen und in Ringe schneiden. Alles mit dem Olivenöl und dem Essig mischen. Mit Salz und Pfeffer würzen.

3 Die zubereiteten Bratkartoffeln (siehe links) auf zwei Teller verteilen. Quark und Topping daneben oder darauf anrichten. Die Kresse vom Beet abschneiden, waschen, trocken tupfen und darüberstreuen.

Countrystyle – deftig mit Spiegelei

ca. 10 Min. • ★ • 2 Personen

1 Rezept Bratkartoffeln (siehe links) • 1 Zwiebel 100 g Essiggurken • 100 g durchwachsener Speck (in Würfeln) • Salz • Pfeffer aus der Mühle Cayennepfeffer • ca. ½ TL edelsüßes Paprikapulver 2 oder 4 Eier • 1 EL Schnittlauchröllchen

1 Die Bratkartoffeln, wie links beschrieben, vorbraten (Schritt 1). Die Zwiebel schälen und in feine Würfel schneiden. Die Essiggurken in dünne Scheiben schneiden. Die Kartoffeln aus der Pfanne nehmen.

2 Die Zwiebel und den Speck in der Pfanne anbraten, bis die Zwiebelwürfel etwas Farbe annehmen. Kartoffeln und Essiggurken dazugeben und braten, bis die Kartoffeln leicht knusprig sind, dabei immer wieder wenden. Alles kurz auf Küchenpapier abtropfen lassen. Mit Salz, Pfeffer, Cayennepfeffer und dem Paprikapulver würzen.

3 In der Pfanne 2 oder 4 Spiegeleier braten. Die Bratkartoffeln auf zwei Teller verteilen und die Spiegeleier daneben anrichten. Das Gericht mit Schnittlauchröllchen garniert servieren.

Gebratene Forelle mit Salbeibutter und Salat

☞ ca. 40 Min.

★★ mittel

2 Personen

1 Die Forellen unter fließendem kaltem Wasser mit einem Messer schuppen und waschen. Trocken tupfen, mit je 1 EL Zitronensaft beträufeln und salzen. Den Senf und den Honig verrühren und die Forellen innen damit bestreichen. Den Salbei waschen und trocken tupfen, je 1 Stiel in jede Bauchhöhle geben. Die restlichen Blätter abzupfen und in Streifen schneiden. Die Forellen beiseitestellen. Den Knoblauch schälen und in Scheiben schneiden.

2 Für den Salat Essig, Senf und Honig verrühren. Das Öl nach und nach unterschlagen. Mit Salz und Pfeffer würzen. Die Gurke waschen, längs halbieren und in Scheiben schneiden. Den Salat zerpflücken, waschen, trocken schleudern und die Blätter etwas kleiner zupfen. Die Kürbiskerne in der Pfanne ohne Fett anrösten, bis sie knacken und sich aufblähen, sofort wieder herausnehmen. Den Rettich bzw. die Mairübe putzen, schälen und in Scheiben hobeln oder schneiden (die Mairübe vorher halbieren oder vierteln).

3 Für die Forellen das Mehl auf einen großen Teller häufen. Olivenöl und Butter in einer großen Pfanne erhitzen. Die Forellen vorsichtig im Mehl wenden, überschüssiges Mehl abklopfen. Die Forellen in die Olivenöl-Butter-Mischung legen und etwa 6 Minuten braten, dann vorsichtig wenden. Salbeiblätter, Kapern und Knoblauch dazugeben. Die Forellen mit schräg aufgelegtem Deckel 6 Minuten fertig braten, dabei hin und wieder mit der Olivenöl-Butter-Mischung beträufeln.

4 Die Salatzutaten mischen. 1 EL Zitronensaft in die Olivenöl-Butter-Mischung geben. Die Forellen auf zwei Teller legen. Den Bratsud darüberträufeln und den Salat dazu servieren. Dazu passt Baguette, Ciabatta oder Holzofenbrot.

ZUTATEN

Für die Forellen:

2 Forellen (à ca. 300 g)

3–4 EL Zitronensaft

Salz

2 TL körniger Senf

2 TL Honig

4 Stiele Salbei

2 Knoblauchzehen

3 EL Mehl

2 EL Olivenöl

30 g Butter

1 EL Kapern

Für den Salat:

3 EL Weißweinessig

2 TL körniger Senf

2 TL Honig

4 EL Öl (z. B. Walnussöl)

Salz

Pfeffer aus der Mühle

100 g Salatgurke

½ Kopfsalat

2 EL Kürbiskerne

100 g Rettich (z. B. roter Rettich) oder 1 Mairübe (Navette)

Backfisch mit selbst gemachter Remoulade

☞ ca. 40 Min.
★★ mittel
2 Personen

1 Für die Remoulade das Eigelb mit 2 TL Senf, 1 EL Essig, dem Zucker und etwas Salz verrühren. Das Öl zunächst tropfenweise unterschlagen, dann unter Rühren in einem dünnen Strahl dazulaufen lassen und alle Zutaten zu einer cremigen Mayonnaise verrühren. Die Hälfte der Mayonnaise in ein Glas abfüllen, verschließen, kühl stellen und für ein anderes Gericht verwenden (z. B. für die Burger auf S. 28).

2 Die restliche Mayonnaise mit dem Joghurt, 1 TL Meerrettich und dem restlichen Senf verrühren. Die Essiggurke in feine Würfel schneiden, den Schnittlauch waschen, trocken tupfen und in feine Röllchen schneiden, die Pfefferbeeren im Mörser grob zerkleinern. Alles unterrühren. Die Remoulade mit Salz, Pfeffer, Meerrettich und etwas Essig abschmecken.

3 Für den Backfisch das Fischfilet unter fließendem kaltem Wasser waschen und trocken tupfen, dann in 3 bis 4 cm breite Stücke schneiden. Mit dem Zitronensaft beträufeln, mit ½ TL Currypulver bestreuen und salzen. 50 g Mehl mit dem Backpulver, 1 TL Currypulver, dem Knoblauchpulver und etwas Salz mischen. Mit dem Weißwein zu einem glatten Teig rühren und kurz quellen lassen.

4 2 TL Öl unter den Teig rühren. Das Eiweiß mit wenig Salz zu steifem Schnee schlagen und unterheben. In einer hohen Pfanne 5 cm hoch Öl erhitzen. Es ist heiß genug, wenn sich an einem hineingehaltenen Holzlöffelstiel Bläschen bilden. Die Fischstücke im übrigen Mehl wenden, durch den Ausbackteig ziehen und im Öl 6 bis 8 Minuten rundum knusprig braun ausbacken.

5 Die Fischstücke mit dem Schaumlöffel herausheben und auf Küchenpapier abtropfen lassen. Mit der Remoulade servieren.

ZUTATEN
Für die Remoulade:
1 zimmerwarmes Eigelb (Gr. L)
3 TL zimmerwarmer Dijon-Senf
1–1½ EL Weißweinessig
1 TL Zucker
Salz
125 ml Öl
50 g griechischer Joghurt
1–2 TL Meerrettich (aus dem Glas oder frisch gerieben)
1 kleine Essiggurke
5 Schnittlauchhalme
½ TL rosa Pfefferbeeren
Pfeffer aus der Mühle
Für den Backfisch:
300 g weißes Fischfilet (z. B. Kabeljau oder Seelachs)
1–2 EL Zitronensaft
ca. 1½ TL Currypulver
Salz
ca. 100 g Mehl
½ TL Backpulver
1 TL Knoblauchpulver
50 ml trockener Weißwein
2 TL Öl + Öl zum Ausbacken
1 Eiweiß (Gr. L)

KAPITEL

2

KOCHCLUB MÉDITERRANÉE

Mittelmeer & Orient

BIG PAN THEORY

Zitronenspargel mit Pecorino und Pinienkernen

☞ ca. 20 Min.

★ einfach

2 Personen

1 Den Spargel waschen, im unteren Drittel schälen und die holzigen Enden abschneiden. Den Knoblauch schälen und in feine Würfel schneiden. Pecorino mit dem Gemüsehobel in grobe Späne hobeln.

2 Die Pinienkerne in der Pfanne ohne Fett goldgelb anrösten und sofort wieder herausnehmen. Das Olivenöl in der Pfanne erhitzen und den Spargel darin rundum anbraten. Den Knoblauch hinzufügen und kurz mitbraten. 150 ml Wasser, Butter, Zucker und etwas Salz hinzufügen. Alles zugedeckt 1 bis 2 Minuten köcheln lassen. Den Zitronensaft hinzufügen. Offen weitere 2 bis 3 Minuten garen, bis die Flüssigkeit stark eingekocht und der Spargel bissfest ist. Mit Salz würzen.

3 Die Spargelstangen auf zwei Teller verteilen. Den Sud darüberträufeln. Mit den Pinienkernen und dem Pecorino bestreuen. Etwas Pfeffer grob darübermahlen und den Spargel servieren. Dazu passt geröstetes Ciabatta oder Baguette.

ZUTATEN

500 g grüner Spargel
1 Knoblauchzehe
60 g Pecorino (am Stück; ersatzweise Parmesan)
2 EL Pinienkerne
1 EL Olivenöl
1 TL Butter
½ TL Zucker
Salz
1 EL Zitronensaft
Pfeffer aus der Mühle

Antipasti-Gemüse-Carpaccio

☞ ca. 25 Min.

★ einfach

2 Personen

1 Für die Marinade die Kräuter waschen und trocken tupfen, die Nadeln bzw. Blätter abzupfen und fein hacken. Den Knoblauch schälen und in feine Würfel schneiden. Kräuter und Knoblauch mit Honig, Essig und Olivenöl verrühren, mit Salz und Pfeffer würzen.

2 Für das Gemüse die Aubergine und die Zucchini putzen, waschen und in Scheiben schneiden. Die Zwiebel schälen und in Ringe schneiden. Das Basilikum waschen und trocken tupfen, die Blätter abzupfen. Die Pinienkerne in der Pfanne ohne Fett anrösten und sofort wieder herausnehmen.

3 Auberginen- und Zucchinischeiben sowie Zwiebelringe nacheinander auf jeder Seite in Olivenöl anbraten, bis sie leicht gebräunt sind, dabei jeweils auf beiden Seiten mit der Marinade bestreichen.

4 Auberginen- und Zucchinischeiben auf zwei Teller auslegen, Zwiebelringe, Pinienkerne und Basilikum darauf verteilen. Die übrige Marinade kurz in der Pfanne aufkochen lassen und über das Carpaccio träufeln. Jede Portion mit 1 EL Essig beträufeln und mit grob gemahlenem Pfeffer und Fleur de Sel bestreuen. Dazu passt geröstetes Ciabatta oder Baguette.

ZUTATEN

Für die Marinade:
5–6 Zweige gemischte italienische Kräuter (z. B. Thymian, Rosmarin, Oregano, Salbei, Basilikum)
1 Knoblauchzehe
2 TL Honig
2 EL Balsamico bianco
2 EL Olivenöl
Salz
Pfeffer aus der Mühle

Für das Gemüse:
1 kleine Aubergine (ca. 200 g)
1 Zucchini (ca. 200 g)
1 rote Zwiebel
3–4 Stiele Basilikum
2 EL Pinienkerne
Olivenöl zum Braten

Außerdem:
2 EL Aceto balsamico
Pfeffer aus der Mühle
Fleur de Sel

Tomaten-Crostini mit Robiola

☞ ca. 20 Min.

★ einfach

2 Personen

1 Die Tomaten waschen. Das Baguette zunächst der Länge nach, dann quer halbieren. Die Stücke mithilfe eines Küchenpinsels mit Olivenöl bestreichen, in der Pfanne knusprig braun braten und herausnehmen. Die Tomaten in 1 EL Olivenöl 6 bis 7 Minuten braten, bis sie leicht zusammenfallen, dabei gelegentlich wenden.

2 Inzwischen die Brotstücke auf zwei Teller legen und mit dem Robiola bestreichen. Thymian und Basilikum waschen und trocken tupfen, die Basilikumblätter abzupfen und auf die Brote legen. Den Thymian zu den Tomaten geben und mitbraten. Den Honig hinzufügen, kurz aufkochen lassen und mit dem Essig ablöschen. Die Tomaten mit Salz und Pfeffer würzen.

3 Die Tomaten auf den Baguettestücken verteilen. Mit grob gemahlenem Pfeffer garnieren und den Parmesan in feinen Spänen darüberhobeln.

ZUTATEN

250 g Datteltomaten
⅓ Baguette (ca. 20 cm)
Olivenöl zum Bestreichen
+ 1 EL Olivenöl
100 g Robiola (ital. Frischkäse; mit oder ohne Kräuter)
4 Zweige Thymian
3–4 Stiele Basilikum
2 TL Honig
2 EL Aceto balsamico
Salz
Pfeffer aus der Mühle
30 g Parmesan (am Stück)

Melonen-Schinken-Pintxos

Albondigas –
Hackbällchen in
Tomatensauce

Gebratene Paprika
mit Sardellen

Tortilla picante

Melonen-Schinken-Pintxos

ca. 20 Min. • ★ • 2–4 Personen

¼ Cantaloupmelone • 8 Scheiben Serranoschinken (125–150 g) • 1–2 Zweige Rosmarin • 2 Knoblauchzehen • ⅓ Baguette (ca. 20 cm) oder Ciabatta 100 g Ziegenfrischkäse • 2 EL Olivenöl • 1 EL Honig geräuchertes Paprikapulver (z. B. spanisches Pimentón dulce) • Pfeffer aus der Mühle

1   Die Melone entkernen, schälen und in 8 Spalten schneiden. Die Spalten in den Serranoschinken einrollen. Den Rosmarin waschen und trocken tupfen, die Nadeln abzupfen. Den Knoblauch schälen und in feine Würfel schneiden. Das Weißbrot in 8 Scheiben schneiden, mit dem Ziegenfrischkäse bestreichen und auf einer Platte anrichten.

2   In der Pfanne 1 EL Olivenöl erhitzen und die Melonen-Schinken-Röllchen darin portionsweise anbraten, bis der Schinken leicht gebräunt ist. Die Röllchen auf die Brote legen und nach Belieben mit einem Holzspießchen feststecken.

3   Die Pfanne säubern, restliches Olivenöl darin erhitzen. Rosmarin und Knoblauch darin kurz andünsten. Den Honig dazugeben und kurz aufkochen. Die Mischung über die Brote träufeln, mit wenig Paprikapulver bestreuen und etwas Pfeffer grob darübermahlen. Die Pintxos sofort servieren.

Gebratene Paprika mit Sardellen

ca. 20 Min. + 10 Min. Abkühlen • ★ • 2 Personen

1 Stiel Petersilie • 1 EL Balsamico bianco • 4 EL Olivenöl • 2–3 TL Honig • 1 EL Kapernsud + 2 EL Kapern • 8 Sardellen (in Öl) • Salz • Pfeffer aus der Mühle • Cayennepfeffer • 2 Knoblauchzehen 400 g kleine Spitzpaprika (rot, gelb oder hellgrün)

1   Die Petersilie waschen und trocken tupfen, die Blätter abzupfen und grob hacken. Den Essig mit 2 EL Olivenöl, 2 TL Honig und dem Kapernsud verrühren. Kapern, Sardellen und Petersilie unterrühren. Mit Salz, Pfeffer, Honig und Cayennepfeffer würzen.

2   Den Knoblauch schälen und in feine Würfel schneiden. Die Spitzpaprika längs halbieren, entkernen, waschen und klein schneiden. Das übrige Olivenöl in der Pfanne erhitzen und die Paprikastücke darin 6 bis 7 Minuten anbraten. Den Knoblauch dazugeben und kurz mitbraten.

3   Paprika in einer Schüssel mit der Marinade mischen und darin abkühlen lassen. Lauwarm oder kalt servieren.

Albondigas – Hackbällchen in Tomatensauce

ca. 30 Min. • ★ ★ • 2–4 Personen

Für die Hackbällchen: ½ Zwiebel • 1 Knoblauchzehe • 5 grüne oder schwarze Oliven (ohne Stein) 3 getrocknete Tomaten (in Öl) • 1 EL Pistazienkerne 250 g gemischtes Hackfleisch • 1 Ei • 2 EL Paniermehl • ½ TL gemahlener Kreuzkümmel • Salz Pfeffer aus der Mühle
Außerdem: 2 EL Olivenöl • 50 ml trockener Weißwein • 200 g stückige Tomaten (aus der Dose) 200 ml Gemüsebrühe • 2 TL Honig • ½ TL gemahlener Kreuzkümmel • Zimtpulver • Cayennepfeffer Salz • Pfeffer aus der Mühle

1   Für die Hackbällchen Zwiebel und Knoblauch schälen und in feine Würfel schneiden. Oliven und Tomaten ebenfalls in sehr kleine Würfel schneiden. Pistazien grob hacken. Alles mit Hackfleisch, Ei, Paniermehl und Kreuzkümmel in eine Schüssel geben, mit Salz und Pfeffer würzen. Kräftig verkneten und aus der Masse 8 Bällchen rollen.

2   Olivenöl in der Pfanne erhitzen. Die Hackbällchen darin rundum anbraten, bis sie gut gebräunt sind. Mit dem Weißwein ablöschen. Tomaten, Brühe, Honig, Kreuzkümmel, je 1 Prise Zimt und Cayennepfeffer hinzufügen und zum Kochen bringen. Bei schwacher bis mittlerer Hitze mit schräg aufgelegtem Deckel 10 Minuten einkochen lassen.

3   Die Sauce mit Salz und Pfeffer würzen. Albondigas in Schälchen anrichten und heiß, lauwarm oder kalt servieren.

Tortilla picante

ca. 40 Min. • ★ ★ • 4–6 Personen

250 g gekochte Pellkartoffeln (vom Vortag) 2 Schalotten • 1 rote Paprikaschote • 40 g grüne Oliven (ohne Stein) • 4 EL Olivenöl • 50 g Chorizo (span. Paprikawurst; in Scheiben) • Salz • 4 Eier (Gr. M) • 1 TL rosenscharfes Paprikapulver • Pfeffer aus der Mühle • 24 halb getrocknete Cocktailtomaten (80–100 g) • 3 Stiele Basilikum 24 Holzspieße

1   Die Kartoffeln pellen und in Scheiben schneiden, Schalotten schälen und in grobe Würfel schneiden. Paprika längs halbieren, entkernen, waschen und in Würfel schneiden. Oliven halbieren. In einer beschichteten Pfanne (20 cm Ø) 2 EL Olivenöl erhitzen. Paprika und Schalotten darin 2 Minuten anbraten. Kartoffeln, Chorizo und Oliven dazugeben, 7 Minuten anbraten, ohne dass die Kartoffeln zu dunkel werden. Leicht salzen.

2   In einer Schüssel Eier, Paprikapulver, Pfeffer und 1 TL Salz verrühren. Die Kartoffel-Gemüse-Mischung unterrühren. In der Pfanne 1 EL Olivenöl erhitzen, die Eier-Kartoffel-Masse darin zugedeckt 5 Minuten anbraten. Auf einen Teller stürzen, restliches Olivenöl in der Pfanne erhitzen, Tortilla wieder hineingeben, zugedeckt 5 Minuten fertig braten. Auf einen Teller gleiten und abkühlen lassen. Die Tortilla in 24 Dreiecke schneiden. Tomaten abtropfen lassen. Basilikum waschen und trocken tupfen, die Blätter abzupfen. Je 1 Tomate und 1 Basilikumblatt auf die Holzspieße stecken, auf die Tortillastücke stecken.

Lauwarmer Kichererbsen-Hähnchen-Salat

☞ ca. 30 Min.

★ einfach

2 Personen

1 In einer großen Schüssel 4 EL Essig, 1 EL Honig und 2 EL Olivenöl verrühren. Den Knoblauch schälen, in feine Würfel schneiden und dazugeben. Mit Salz und Pfeffer würzen.

2 Die Zwiebel schälen und in feine Würfel schneiden. Die Tomaten waschen und halbieren. Den Spinat verlesen, waschen und trocken schütteln, grobe Stiele entfernen und große Blätter etwas klein zupfen. Alles mit dem Dressing in einer Schüssel mischen und beiseitestellen.

3 Die Kichererbsen in ein Sieb abgießen, kalt abspülen und abtropfen lassen. Die Paprika längs halbieren, entkernen, waschen und in grobe Würfel schneiden. Die Petersilie waschen und trocken tupfen, die Blätter abzupfen und grob hacken. Das Hähnchenbrustfilet waschen und trocken tupfen, in feine Streifen schneiden und diese auf etwa 3 cm einkürzen.

4 Restliches Olivenöl in der Pfanne erhitzen und die Kichererbsen darin anbraten. Die Paprikawürfel hinzufügen und kurz mitbraten. Je nach Geschmack 2 bis 3 TL Harissapaste hinzufügen und unterrühren. Die Hähnchenstreifen hinzufügen und ebenfalls mitbraten. Restlichen Honig dazugeben, kurz aufkochen lassen, dann mit dem übrigen Essig ablöschen. Zugedeckt 3 bis 4 Minuten köcheln, bis das Hähnchen gar ist. Mit Salz und Pfeffer würzen, die Petersilie unterschwenken.

5 Die Kichererbsen-Hähnchen-Pfanne mit den übrigen Salatzutaten in der Schüssel mischen. Den Salat lauwarm servieren.

ZUTATEN

5 EL Balsamico bianco

ca. 2 EL Honig

3 EL Olivenöl

1 Knoblauchzehe

Salz

Pfeffer aus der Mühle

1 rote Zwiebel

200 g Cocktailtomaten

100 g Blattspinat

1 Glas Kichererbsen (220 g)

1 rote Paprikaschote

2–3 Stiele Petersilie

200 g Hähnchenbrustfilet

2–3 TL Harissapaste

Ratatouille marocaine

☞ ca. 30 Min.
★★ mittel
2 Personen

1 Das Gemüse putzen und waschen bzw. schälen. Die Cocktail-tomaten beiseitelegen. Die Aubergine und die Zucchini längs vierteln und in etwa 1 cm dicke Scheiben schneiden. Die Zwiebel und den Fen-chel in schmale Spalten schneiden. Den Knoblauch in feine Würfel schneiden. Die Chili längs halbieren, entkernen, waschen und eben-falls in feine Würfel schneiden.

2 Den Sesam in der Pfanne ohne Fett anrösten und wieder heraus-nehmen. Nacheinander in 1 bis 2 EL Olivenöl die Auberginen- und in etwa 1 EL Olivenöl die Zucchinischeiben anbraten, bis sie rundum leicht gebräunt sind. Wieder aus der Pfanne nehmen.

3 Erneut 1 EL Olivenöl in der Pfanne erhitzen, Fenchel- und Zwie-belspalten darin anbraten. Knoblauch, Chili, Kräuter der Provence, Kreuzkümmel, Zimt und 1 EL Honig hinzufügen und leicht karamelli-sieren. Brühe, stückige Tomaten und Cocktailtomaten hinzufügen, aufkochen und offen 2 bis 3 Minuten köcheln lassen. Auberginen-scheiben hinzufügen und weitere 3 bis 4 Minuten köcheln lassen. Zuletzt die Zucchini dazugeben und etwa 1 Minute erhitzen.

4 Das Gemüse mit Salz, Pfeffer, Honig und Zitronensaft abschme-cken. 1 EL Sesam unterrühren. Den restlichen Sesam und die Petersi-lie darüberstreuen. Dazu passt Fladenbrot.

ZUTATEN

125 g Cocktailtomaten
1 kleine Aubergine
(ca. 200 g)
1 Zucchini (ca. 200 g)
1 rote Zwiebel
150 g Fenchelknolle
2 kleine Stücke frischer
Knoblauch
1 rote Chilischote
2 EL ungeschälte Sesam-samen
3–4 EL Olivenöl
2 TL getrocknete Kräuter der Provence
1 TL gemahlener Kreuz-kümmel
1 Msp. Zimtpulver
1–1½ EL Honig
200 ml Gemüsebrühe
200 g stückige Tomaten
(aus der Dose)
Salz
Pfeffer aus der Mühle
ca. 1 EL Zitronensaft
1 EL gehackte Petersilie

DIE WELT DER KRÄUTER

Herrlich duftende, aromatische Kräuter spielen nicht nur in der mediterranen und orientalischen Küche eine Hauptrolle, auch hierzulande und in Asien wird frisches Grün heiß geliebt. Dabei hat jede Region natürlich unterschiedliche Lieblinge. Und über die Jahrzehnte hinweg haben wir die besten in unsere internationalisierte einheimische Küche integriert und können uns inzwischen ein Leben ohne Rosmarin, Koriander und Co. schon gar nicht mehr vorstellen. Hier eine Übersicht über die wichtigsten Kräuter.

⇒ DIE DERBEN ⇐

Rosmarin, Thymian, Salbei und Oregano kommen allesamt ursprünglich aus dem Mittelmeerraum und sind dort seid jeher fester Bestandteil der regionalen Küchen. Die harten Blätter bzw. Nadeln sind eine Anpassung der Pflanzen an viel Sonne und Trockenheit. Gleichzeitig sind sie randvoll mit ätherischen Ölen, die für den typischen Geschmack sorgen. Wie alle Kräuter schmecken sie am besten frisch, jedoch bleiben bei ihnen auch die getrockneten Blätter bzw. Nadeln sehr aromatisch. Im Vergleich zu anderen Kräutern sind sie echte Pfannenlieblinge, vertragen auch längeres Braten, Schmoren und Kochen sehr gut und geben auf diese Weise langsam ihr Aroma an Fleisch, Gemüse und Saucen ab.

Frisch, getrocknet oder TK?

Was für eine Frage? Frisch ist immer erste Wahl, tiefgekühlt eine gute Alternative. Getrocknet kommen bei mir nur die derben mediterranen Kräuter z. B. Oregano auf den Tisch. Eine gute Alternative sind auch Kräuteröle: Kräuter mit etwas Öl pürieren und in ein sauberes Glas füllen. Mit Öl bedecken, verschließen und kühl stellen. So bleiben die Kräuter aromatisch und einige Wochen haltbar. Und Ihre Mahlzeiten können Sie nun stets mit frischer Kräuterpower tunen.

Die Zarten

Während Basilikum eindeutig der mediterranen Küche zugerechnet werden kann, landen Kerbel, Kresse und Dill eher in Mitteleuropa auf dem Teller. Minze und Petersilie sind dagegen überall beliebt und werden zusammen mit Koriandergrün und Dill speziell im östlichen Mittelmeerraum sehr häufig verwendet. Allen ist gemein, dass sie ihr Aroma am besten roh oder nur kurz gegart entfalten. Längeres Garen vertragen sie dagegen nicht.

Die Lauchigen

Hierzulande ein Favorit: Schnittlauch! In kleine Röllchen geschnitten, verleihen die grünen Halme deftigen Speisen und Salaten einen Hauch frischer Zwiebelwürze. Und auch die dekorativen essbaren Blüten finden immer häufiger den Weg auf den Teller. Schnittlauch immer nur frisch verwenden oder über ein fertig gegartes Essen streuen! Im Frühjahr ergänzt der wilde Bärlauch das Angebot, der als Schattenpflanze auch wunderbar in den dunkelsten Ecken des heimischen Gartens gedeiht und nach wenigen Jahren bereits große Flächen erobert hat. Er hat einen etwas derberen, knoblauchartigen Geschmack und verträgt auch kurzes Garen sehr gut. Ein würziger Neuzugang aus Asien ist Schnittknoblauch. Er kann wie Schnittlauch verwendet werden, erinnert geschmacklich aber eher an Knoblauch.

Persischer Rindfleisch-Möhren-Eintopf

☞ ca. 30 Min.
+ 2 Std. Garen
★★ mittel
2 Personen

1 Die Möhren putzen, schälen, längs vierteln und die Stücke quer halbieren oder dritteln. Die Zwiebel schälen und in feine Würfel schneiden.

2 In der Pfanne 1 EL Olivenöl erhitzen. Die Möhren darin bei mittlerer Hitze 4 bis 5 Minuten rundum anbraten, bis sie leicht gebräunt sind, dann wieder herausnehmen.

3 Im restlichen Olivenöl das Rindergulasch rundum anbraten. Die Zwiebelwürfel dazugeben und weiterbraten, bis sie glasig und leicht gebräunt sind. Kardamomkapseln, Kurkuma, 1 Prise Zimt und das Tomatenmark dazugeben und unterrühren. Dann die heiße Brühe angießen und alles bei schwacher bis mittlerer Hitze 30 Minuten mit schräg aufgelegtem Deckel, danach weitere 30 Minuten zugedeckt garen.

4 Nach 1 Stunde die Schälerbsen dazugeben und 1 l kochendes Wasser angießen. Zugedeckt weitere 30 Minuten garen. Inzwischen die Kartoffeln schälen und achteln. Kartoffeln und Pflaumen zum Gulasch geben und weitere 10 Minuten zugedeckt köcheln. Die Möhren und 1 TL Honig hinzufügen und alles mit schräg aufgelegtem Deckel 20 Minuten fertig garen.

5 Die Petersilie waschen und trocken tupfen, die Blätter abzupfen und grob hacken. Die Zitrone heiß waschen und trocken reiben. Die Schale abreiben, aus einer Hälfte den Saft auspressen. Zitronenschale und 1 EL Zitronensaft unter den Eintopf rühren. Alles mit Salz, Pfeffer, Zitronensaft und Honig abschmecken. Den Eintopf auf zwei tiefe Teller verteilen und mit Petersilie bestreuen. Dazu schmeckt Fladenbrot.

ZUTATEN

400 g Möhren
1 Zwiebel
2 EL Olivenöl
300 g Rindergulasch
5 Kardamomkapseln
1 TL gemahlene Kurkuma
Zimtpulver
1 EL Tomatenmark
600 ml heiße Gemüse- oder Rinderbrühe
50 g gelbe Schälerbsen
400 g festkochende Kartoffeln
80 g Trockenpflaumen
1–2 TL Honig
1 Stiel Petersilie
1 Bio-Zitrone
Salz
Pfeffer aus der Mühle

Griechische Kartoffeln mit Feta-Topping

☞ ca. 45 Min.

★ einfach

2 Personen

1 Für das Topping die Pinienkerne in der Pfanne ohne Fett hellbraun anrösten und sofort wieder herausnehmen. Den Dill waschen und trocken tupfen, die Spitzen abzupfen und fein hacken. Den Feta zerbröckeln. Pinienkerne, Dill und Feta mischen.

2 Für die Kartoffeln die Oliven in dicke Scheiben schneiden. Die Zwiebeln und den Knoblauch schälen und in feine Würfel schneiden. Den Thymian waschen und trocken schütteln.

3 Die Kartoffeln schälen, waschen und vierteln. Das Olivenöl in der Pfanne erhitzen und die Kartoffeln darin bei mittlerer Hitze unter gelegentlichem Wenden etwa 10 Minuten braten, bis sie rundum leicht gebräunt sind. Nach 6 Minuten Bratzeit die Zwiebeln dazugeben und mitbraten.

4 Oliven, Thymian und Lorbeerblätter dazugeben und alles 2 Minuten braten. Den Knoblauch, den Honig und 1 Prise Zimt dazugeben, den Honig kurz aufkochen lassen. Mit dem Wein ablöschen, Tomaten und 50 ml Wasser dazugeben und salzen. Zum Kochen bringen und bei schwacher bis mittlerer Hitze mit schräg aufgelegtem Deckel etwa 8 Minuten einkochen lassen.

5 Inzwischen die Zitrone heiß waschen, trocken reiben, die Schale abreiben und aus einer Hälfte den Saft auspressen. Nach 6 Minuten die Zitronenschale und 1 EL Zitronensaft zu den Kartoffeln geben. Fertig garen, ggf. etwas Wasser dazugeben.

6 Die Kartoffeln mit Salz, Pfeffer und Zitronensaft abschmecken. Den Thymian entfernen. Die Kartoffeln auf zwei Teller verteilen und mit dem Topping bestreuen.

ZUTATEN

Für das Topping:

1 EL Pinienkerne

2 Stiele Dill

50 g Feta (Schafskäse)

Für die Kartoffeln:

100 g grüne oder schwarze Oliven (ohne Stein)

2 Zwiebeln

2 Knoblauchzehen

8 Zweige Thymian

800 g festkochende Kartoffeln

4 EL Olivenöl

2 Lorbeerblätter

1 EL Honig

Zimtpulver

50 ml trockener Weißwein

400 g stückige Tomaten (aus der Dose)

Salz

1 Bio-Zitrone

Pfeffer aus der Mühle

Paella especial

☞ ca. 50 Min.
★★★ aufwendig
2 Personen

1 Die Zwiebel und den Knoblauch schälen und in feine Würfel schneiden. Die Paprika längs halbieren, entkernen, waschen und klein schneiden. Die Kräuter waschen und trocken tupfen, die Petersilie beiseitelegen. Die Merguez in Stücke schneiden. Die Meeresfrüchte unter fließendem kaltem Wasser waschen und mit Küchenpapier trocken tupfen. Die Tintenfischtuben in Ringe schneiden. 400 ml heiße Brühe mit Safran und 1 Prise Kurkuma verrühren.

2 In der Pfanne 2 EL Olivenöl erhitzen und die Merguez darin anbraten, bis sie rundum gebräunt sind. Die Meeresfrüchte dazugeben und rundum kurz mitbraten.

3 Alles herausnehmen. Restliches Olivenöl erhitzen, Zwiebel und Paprika darin andünsten, bis die Zwiebelwürfel glasig sind. Knoblauch, Rosmarin und Thymian dazugeben und kurz mitdünsten. Mit 1 Msp. geräuchertem Paprikapulver würzen.

4 Den Reis hinzufügen und alles kurz dünsten. Mit dem Wein ablöschen und diesen fast vollständig verkochen lassen. Die Safranbrühe angießen, die Wurststücke auf den Reis legen. Alles zum Kochen bringen und bei schwacher Hitze 5 Minuten offen köcheln. Die Erbsen unterrühren und alles 10 Minuten zugedeckt köcheln lassen. Die Meeresfrüchte auf dem Reis verteilen und das Ganze 5 Minuten zugedeckt weitergaren, ggf. noch etwas Brühe dazugeben.

5 Inzwischen die halbe Zitrone heiß waschen, trocken reiben und in Spalten schneiden. Von der Petersilie die Blätter abzupfen und in Streifen schneiden. Die Paella mit Salz, Pfeffer und Paprikapulver abschmecken und auf zwei Teller verteilen. Mit Petersilie bestreuen und die Zitronenspalten dazulegen.

ZUTATEN

1 Zwiebel
1 Knoblauchzehe
1 rote Spitzpaprikaschote
1 Zweig Rosmarin
2 Zweige Thymian
1–2 Stiele Petersilie
2 Merguez (würzige Bratwurst aus Lamm- und Rindfleisch; ca. 150 g)
250–300 g Meeresfrüchte (küchenfertig; z. B. 4 Jakobsmuscheln, 4 entdarmte Black-Tiger-Garnelen mit Schale + Tintenfischtuben)
400–450 ml heiße Gemüsebrühe
1 Döschen Safranfäden (0,1 g)
gemahlene Kurkuma
3 EL Olivenöl
ca. ½ TL geräuchertes Paprikapulver (z. B. spanisches Pimentón dulce)
125 g Paellareis (Arroz bomba; ersatzweise Risottoreis)
50 ml trockener Weißwein
50 g tiefgekühlte Erbsen
½ Bio-Zitrone
Salz
Pfeffer aus der Mühle

Spaghetti „spargonara"

Pastasotto mit Lachs
und Zuckerschoten

Zitrus-Pasta
mit Ziegenfrischkäse

Pasta orientale

Spaghetti „spargonara"

ca. 20 Min. • ★ • 2 Personen

500 g grüner Spargel • 1 EL Olivenöl • 100 g durchwachsener geräucherter oder luftgetrockneter Speck (in Würfeln) • 100 g Parmesan (am Stück) • 3 Eier (Gr. M) • 2 TL Bärlauchpesto (aus dem Glas) • 50 g Sahne • Salz • Pfeffer aus der Mühle • 500–600 g gekochte Spaghetti (ungekocht 200–250 g)

1 Den Spargel waschen und im unteren Drittel schälen, die holzigen Enden abschneiden. Stangen in 4 bis 5 cm lange Stücke schneiden. Das Olivenöl in der Pfanne erhitzen, Spargel und Speckwürfel darin bei mittlerer Hitze 6 bis 7 Minuten anbraten, bis der Spargel bissfest und der Speck leicht gebräunt ist.

2 Inzwischen 70 g Parmesan fein reiben und mit den Eiern, dem Pesto und der Sahne verrühren. Mit Salz und Pfeffer würzen.

3 Die Spaghetti in die Pfanne geben und durchschwenken, bis sie heiß sind. Die Eiermasse dazugeben und etwa 1 Minute rühren, bis alles noch leicht cremig ist. Die Pasta auf zwei Teller verteilen. Den restlichen Parmesan grob darüberhobeln, etwas Pfeffer grob darübermahlen und die Spaghetti „spargonara" servieren.

Pasta orientale

ca. 25 Min. • ★★ • 2 Personen

2 Zwiebeln • 2 Knoblauchzehen • 1 große Zucchini (ca. 250 g) • 200 g Cocktailtomaten • 40 g Pinienkerne • 2 EL Olivenöl • 200 g Rinderhack (oder Lammhack) • 2 Wacholderbeeren • 2 Lorbeerblätter • 1 Zimtstange • 2 TL Harissapaste • 2 EL Tomatenmark • 2 TL Honig • 50 g Korinthen • 250 g Penne rigate • 1 l heiße Gemüsebrühe • 1–2 EL Aceto balsamico • Salz • Pfeffer aus der Mühle 1 EL gehackte Petersilie

1 Zwiebeln und Knoblauch schälen, in feine Würfel schneiden. Zucchini putzen, waschen, längs vierteln, in Scheiben schneiden. Die Tomaten waschen. Pinienkerne in der Pfanne ohne Fett goldbraun rösten, sofort herausnehmen. Dann 1 EL Olivenöl in der Pfanne erhitzen, die Zucchinischeiben kurz darin anbraten und wieder herausnehmen.

2 Das Hackfleisch im restlichen Olivenöl bei starker Hitze krümelig braten. Die Zwiebelwürfel dazugeben und mitbraten. Knoblauch, ganze Gewürze, Harissa, Tomatenmark, Honig und Tomaten dazugeben, kurz mitbraten. Korinthen und Nudeln hinzufügen, die Brühe angießen und zum Kochen bringen. Alles bei mittlerer Hitze zugedeckt 8 Minuten köcheln lassen.

3 Zucchinischeiben dazugeben, alles offen 2 bis 3 Minuten köcheln, bis die Nudeln bissfest sind. 1 EL Essig unterrühren. Mit Salz, Pfeffer und Essig abschmecken. Die Pinienkerne und die Petersilie untermischen.

Pastasotto mit Lachs und Zuckerschoten

ca. 30 Min. • ★★ • 2 Personen

2 Zwiebeln • 2 Knoblauchzehen • 2 EL Olivenöl
200 g Orzo- oder Kritharaki-Nudeln • 100 ml trockener Weißwein • 600 ml heiße Gemüsebrühe
4 Frühlingszwiebeln • 200 g Zuckerschoten
400 g Lachsfilet (ohne Haut) • 40 g Parmesan (am Stück) • 20 g Butter • abgeriebene Schale und Saft von ½ Bio-Zitrone • Salz • Pfeffer aus der Mühle

1   Zwiebeln und Knoblauch schälen und in feine Würfel schneiden. Olivenöl in der Pfanne erhitzen und die Zwiebeln darin glasig dünsten. Knoblauch und Nudeln hinzufügen und kurz mitdünsten. Mit Wein ablöschen, die Brühe dazugießen, aufkochen und bei mittlerer Hitze unter gelegentlichem Rühren zugedeckt 8 Minuten köcheln lassen.

2   Die Frühlingszwiebeln putzen, waschen und in Ringe schneiden. Zuckerschoten waschen und ggf. die Fäden abziehen. Das Lachsfilet unter fließendem kaltem Wasser waschen, trocken tupfen und in Würfel schneiden.

3   Die Nudeln umrühren, die Zuckerschoten darauf verteilen und 300 ml heißes Wasser dazugeben. Zugedeckt 3 Minuten dämpfen. Den Parmesan reiben und mit der Butter unterrühren, Lachs und Frühlingszwiebeln dazugeben und unter Rühren 2 bis 3 Minuten gar ziehen lassen. Zitronenschale und 1 EL Zitronensaft unterrühren. Pastasotto mit Salz, Pfeffer und Zitronensaft würzen und sofort servieren.

Zitrus-Pasta mit Ziegenfrischkäse

ca. 30 Min. • ★★ • 2 Personen

1 rosa Grapefruit • 1 Orange • 1 TL Honig • Salz
1 Zwiebel • 20 g Ingwer • 1 Knoblauchzehe
1 Stängel Zitronengras • 1 rote Peperoni • 2 EL Olivenöl • 200 g Girandole • 3–4 Stiele Basilikum
5–6 Stiele Koriander • 20 g Butter • Pfeffer aus der Mühle • 2 EL Ziegenfrischkäse • rosa Pfefferbeeren

1   Grapefruit und Orange so schälen, dass auch die weiße Haut mit entfernt wird. Die Filets zwischen den Trennhäuten herausschneiden, austretenden Saft auffangen und die Schalen der Früchte ausdrücken. Den Zitrussaft mit heißem Wasser auf ½ l auffüllen, Honig unterrühren, mit Salz würzen.

2   Zwiebel, Ingwer und Knoblauch schälen, in feine Würfel schneiden. Zitronengras putzen und waschen. Nur den inneren Teil des unteren Drittels verwenden und halbieren. Peperoni waschen und in feine Ringe schneiden, ggf. entkernen. Olivenöl in der Pfanne erhitzen, die vorbereiteten Würzzutaten darin andünsten, bis die Zwiebel glasig ist. Die Nudeln hinzufügen und kurz schwenken. Zitruswasser dazugießen und aufkochen. Bei mittlerer Hitze zugedeckt 4 bis 5 Minuten köcheln lassen.

3   Kräuter waschen und trocken tupfen, Blätter abzupfen. Zitrusfilets und Butter unter die Nudeln heben, 1 Minute ziehen lassen. Zitronengras entfernen, die Pasta mit Salz und Pfeffer würzen, Kräuter unterschwenken. Auf zwei Teller verteilen, je 1 EL Frischkäse daraufgeben und mit zerstoßenen rosa Pfefferbeeren garnieren.

Pasta mit Lauch, Speck und Cranberrys

☞ ca. 15 Min.

★ einfach

2 Personen

1 Den Lauch putzen, in Ringe schneiden, waschen und abtropfen lassen. Den Knoblauch schälen und in feine Würfel schneiden. Die Walnüsse grob zerbröckeln. Die Baconscheiben dritteln.

2 Das Öl in der Pfanne erhitzen und den Speck darin rundum knusprig braten. Walnusskerne hinzufügen und kurz mitbraten. Beides aus der Pfanne nehmen. Die Butter in die Pfanne geben, Lauch und Knoblauch darin andünsten, die Nudeln dazugeben und kurz in der Pfanne schwenken.

3 Die Brühe angießen und aufkochen. Die Cranberrys darüberstreuen. Alles mit geschlossenem Deckel etwa 5 Minuten garen, bis die Nudeln bissfest sind. Die Speck-Walnuss-Mischung unterrühren und das Gericht mit Pfeffer würzen.

4 Den Pecorino grob hobeln und leicht untermischen. Die Pasta auf zwei Tellern anrichten und nach Belieben je 1 geh. EL Ziegenfrischkäse daraufgeben.

ZUTATEN

1 Stange Lauch
1 Knoblauchzehe
30 g Walnusskerne
8 Scheiben Frühstücksspeck (Bacon; ca. 70 g)
1 TL Öl
1 EL Butter
200 g Girandole (oder andere spiralförmige Nudeln)
½ l heiße Gemüsebrühe
30 g getrocknete Cranberrys
Pfeffer aus der Mühle
50–60 g Pecorino (am Stück)

Big Pan Pizza
mit Peperoni und Salami

Galette mit Spinat,
Ziegenkäse und Walnüssen

Big Pan Pizza
mit Peperoni und Salami

☞ ca. 1 Std.
  + 1 Std. Gehen
★★ mittel
2 Pizzen

1   Für den Teig Mehl und 1 Prise Salz mischen. 120 ml lauwarmes Wasser mit dem Zucker und 1 EL Mehlmischung verrühren. Die Hefe hineinbröckeln und glatt rühren. 10 Minuten zugedeckt gehen lassen. Den Hefeansatz zur Mehlmischung geben, das Olivenöl dazugeben und alles zunächst mit den Knethaken des Handrührgeräts, dann mit den Händen zu einem geschmeidigen Teig verkneten. Zu einer Kugel formen und mit einem Küchentuch zugedeckt an einem warmen Ort 1 Stunde gehen lassen.

2   Für die Sauce Zwiebel und Knoblauch schälen und in feine Würfel schneiden. Das Olivenöl in der Pfanne erhitzen und die Zwiebel darin glasig dünsten. Den Knoblauch kurz mitdünsten. Oregano und Honig hinzufügen und den Honig kurz aufkochen lassen. Die Tomaten dazugeben, salzen und offen etwa 5 Minuten kochen lassen, bis die Sauce stark eingedickt ist. Basilikum waschen und trocken tupfen, die Blätter abzupfen und unterrühren. Die Sauce mit Salz und Pfeffer würzen und in eine Schüssel umfüllen. Die Pfanne gut säubern.

3   Für den Belag den Käse entrinden und reiben. Die Peperoni in Ringe schneiden. Den Teig in zwei Portionen teilen. Eine Portion auf der bemehlten Arbeitsfläche auf Pfannengröße ausrollen. In der Pfanne zugedeckt bei mittlerer Hitze 7 Minuten backen, bis die Unterseite leicht gebräunt ist. Wenden. Mit der Hälfte der Sauce bestreichen und mit der Hälfte des Käses bestreuen. Jeweils die Hälfte der Salami, Peperoni, Kapern und Sardellen darauf verteilen. Die Pizza mit geschlossenem Deckel 8 bis 10 Minuten backen, bis der Teig durch und knusprig, die Unterseite leicht gebräunt und der Käse geschmolzen ist. Nach Belieben mit Basilikum bestreuen. Die zweite Pizza genauso zubereiten, währenddessen die erste teilen und genießen.

ZUTATEN

Für den Teig:
200 g Mehl
Salz
1 TL Zucker
10 g frische Hefe
2 TL Olivenöl

Für die Sauce:
1 Zwiebel
1 Knoblauchzehe
2 EL Olivenöl
1 TL getrockneter Oregano
1 EL Honig
400 g stückige Tomaten
(aus der Dose)
Salz
3–4 Stiele Basilikum
Pfeffer aus der Mühle

Für den Belag:
100 g Käse (am Stück;
z. B. Provolone, Gruyère oder
Gouda)
6 eingelegte Peperoni
50–60 g kleine Salami-
scheiben
2–4 TL Kapern
6–8 Sardellenfilets (in Öl)

Außerdem:
Mehl für die Arbeitsfläche

Galette mit Spinat, Ziegen-käse und Walnüssen

☞ ca. 40 Min.

★★ mittel

2–4 Personen

1 Für den Teig beide Mehlsorten in einer Schüssel mit 1 Prise Salz mischen. Milch, Mineralwasser und Ei dazugeben und alles mit dem Schneebesen kräftig verschlagen. Die Butter unterrühren und den Teig zugedeckt mindestens 10 Minuten ruhen lassen.

2 Für die Füllung den Spinat verlesen, waschen und trocken schleudern. Grobe Stiele entfernen und die Blätter klein zupfen. Den Speck in der Pfanne ohne Fett etwa 5 Minuten knusprig auslassen. Spinat dazugeben und bei mittlerer Hitze zusammenfallen lassen. 1 bis 2 TL Butter dazugeben und in der Pfanne schmelzen. Die Mischung mit Salz und Pfeffer würzen, herausnehmen und beiseitestellen. Die Pfanne säubern. Den Ziegenkäse in Scheiben schneiden, die Walnüsse grob zerbröckeln.

3 Wenig Butter in der Pfanne erhitzen, ein Viertel des Teigs gleichmäßig darin verteilen und bei mittlerer Hitze backen, bis die Unterseite leicht gebräunt ist. Die Galette wenden und mit 1 TL Senf bestreichen. Mittig mit einem Viertel des Käses und der Spinat-Speck-Mischung belegen, dann ein Viertel der Walnusskerne und ½ EL Preiselbeeren daraufgeben. Mit schräg aufgelegtem Deckel backen, bis die Unterseite leicht gebräunt ist.

4 Die Galette von vier Seiten zur Mitte hin einklappen, sodass der mittlere Bereich frei bleibt. Auf einen Teller gleiten lassen und servieren. Die übrigen Galettes genauso zubereiten.

ZUTATEN

Für den Teig:

100 g Buchweizenmehl

2 EL Mehl

Salz

100 ml Milch

100 ml Mineralwasser (mit Kohlensäure)

1 Ei (Gr. M)

1 EL flüssige Butter

Öl zum Ausbacken

Für die Füllung:

300 g Blattspinat

150 g durchwachsener Speck (in Würfeln)

2–3 EL Butter

Salz

Pfeffer aus der Mühle

4 TL Dijon- oder Feigensenf

200 g Ziegenweichkäserolle (ersatzweise Brie oder Camembert)

60 g Walnusskerne

2 EL Preiselbeeren (aus dem Glas)

FÜR KULINARISCHE WELTENBUMMLER

Asia & Texmex

BIG PAN THEORY

Easy Yakitori Sticks

☞ ca. 25 Min.
★ einfach
2–4 Personen

1 Den Sesam in der Pfanne hellbraun anrösten und wieder herausnehmen. Das Hähnchenfleisch waschen, mit Küchenpapier trocken tupfen und in mundgerechte Stücke schneiden. Diese auf die Holzspießchen stecken.

2 Den Knoblauch schälen, die Frühlingszwiebeln putzen und waschen und beides klein schneiden. Sojasauce, Mirin, Limettensaft und Ingwerpulver verrühren. Das Öl in der Pfanne erhitzen. Die Hähnchenspieße darin zugedeckt etwa 8 Minuten braten, bis sie rundum leicht gebräunt und knapp gar sind, dabei mehrmals wenden.

3 Knoblauch und Frühlingszwiebeln dazugeben und kurz mitbraten. Die Sauce dazugießen und dick einkochen lassen, dabei die Spieße immer wieder wenden, bis sie rundum dunkelbraun glasiert sind, dabei aufpassen, dass die Sauce nicht anbrennt.

4 Die Spieße aus der Pfanne nehmen und auf einer Platte anrichten. Mit dem Sesam bestreuen und als Appetizer servieren.

ZUTATEN

1 EL geschälte Sesamsamen
400 g Hähnchenbrustfilet
8 Holzspießchen (à 10 cm)
2 Knoblauchzehen
2 Frühlingszwiebeln
50 ml helle oder dunkle Sojasauce
50 ml Mirin (süßer japanischer Reiswein)
2 TL Limettensaft
1 TL Ingwerpulver
1 EL Öl

JAKARTA STREET FOOD

Auch köstlich-fernöstlich – indonesische Saté-Spieße: Dafür für die Marinade 20 g Ingwer und 1 Knoblauchzehe schälen und in feine Würfel schneiden. Mit 50 ml Kokosmilch, 2 EL heller Sojasauce, 2 TL Rohrohrzucker, 1 TL Sambal Oelek und 2 TL Limettensaft verrühren. Das Fleisch in lange Streifen schneiden und 2 Stunden in die Marinade legen. Inzwischen die Erdnusssauce zubereiten (siehe S. 110) und mit etwas Wasser verdünnen. Das Fleisch wellenförmig auf Spieße stecken und in der Pfanne gar braten. Gegen Ende die Marinade dazugießen. Spieße nach Geschmack salzen und mit der Sauce servieren.

Asianudeln mit Garnelen und Spinat

☞ ca. 30 Min.
★★ mittel
2 Personen

I Den Sesam in der Pfanne hellbraun anrösten und wieder herausnehmen. Den Ingwer und den Knoblauch schälen, den Ingwer fein reiben, den Knoblauch in feine Würfel schneiden. Die Limette heiß waschen, trocken reiben, die Schale abreiben und den Saft auspressen. Die Butter zerlassen, mit Ingwer, Knoblauch, Sesam, Limettenschale, 2 EL Limettensaft, Zucker und 1 TL Sambal Oelek verrühren und mit Salz würzen.

2 Die Paprika längs halbieren, entkernen, waschen, in Streifen schneiden und diese halbieren oder dritteln. Den Spinat verlesen, waschen und trocken schleudern, grobe Stiele entfernen. Die Garnelen unter fließendem kaltem Wasser waschen und auf Küchenpapier abtropfen lassen.

3 Das Öl in der Pfanne erhitzen und die Paprikastreifen darin anbraten. Die Nudeln – sofern sie zu Platten gepresst sind – zerbrechen, dazugeben und kurz mitdünsten. 600 ml heißes, leicht gesalzenes Wasser dazugießen und aufkochen. Alles zugedeckt bei mittlerer Hitze 3 Minuten köcheln lassen. Die Garnelen darauflegen und 3 Minuten zugedeckt garen. Den Spinat darauflegen und zugedeckt zusammenfallen lassen. Alles durchrühren und offen weiterköcheln, bis die Nudeln gar sind und die Flüssigkeit vollständig verkocht ist. Ggf. etwas Wasser dazugeben.

4 Die Würzbutter in die Pfanne geben und bei schwacher Hitze kurz durchschwenken. Die Nudelpfanne mit Salz, Limettensaft und nach Belieben etwas Fischsauce und Sambal Oelek abschmecken. Auf zwei Tellern anrichten und sofort servieren.

ZUTATEN

2 EL ungeschälte Sesamsamen
20 g Ingwer
1 Knoblauchzehe
1 Bio-Limette
50 g Butter
2 TL Rohrohrzucker
Sambal Oelek
Salz
1 rote Paprikaschote
150 g Blattspinat
250 g rohe Black-Tiger-Garnelen (entdarmt und mit Schale)
1½ EL Öl
250 g Mie-Nudeln

Tofu Stir Fry

☞ ca. 35 Min.
★★ mittel
2 Personen

1 Brokkoli putzen, waschen und in Röschen teilen. Zuckerschoten waschen, ggf. die Fäden abziehen. Paprika längs halbieren, entkernen, waschen und klein schneiden. Möhre putzen, schälen und längs in dünne Scheiben schneiden. Diese in schmale Streifen schneiden und halbieren oder dritteln. Die Pilze entstielen und trocken abreiben, große halbieren. Den Tofu kräftig ausdrücken und in Würfel schneiden.

2 Ingwer und Knoblauch schälen, die Chilischote längs halbieren, entkernen und waschen. Alles klein schneiden und mit 3 EL Sojasauce, 2 EL Limettensaft und dem Zucker mit dem Stabmixer pürieren.

3 Den Sesam in der Pfanne ohne Fett hellbraun anrösten und wieder herausnehmen. In der Pfanne 1 EL Öl erhitzen, den Tofu darin rundum braun braten, herausnehmen. Mit der übrigen Sojasauce und etwas Limettensaft mischen und beiseitestellen. Restliches Öl in der Pfanne erhitzen und den Brokkoli darin bei mittlerer Hitze 5 Minuten pfannenrühren, dabei Paprika und Möhre 2 bis 3 Minuten mitbraten. Pilze und Zuckerschoten hinzufügen und alles 5 Minuten pfannenrühren. Den Tofu dazugeben und 2 bis 3 Minuten braten, bis er heiß ist.

4 Die Sauce hinzufügen und alles noch einmal gut durchschwenken, bis sie gleichmäßig verteilt ist. Evtl. mit Salz abschmecken. Das Stir Fry auf Teller verteilen und mit Sesam bestreuen. Nach Geschmack mit Sesamöl und Reisessig beträufeln.

ZUTATEN

250 g Brokkoli
100 g Zuckerschoten
1 rote Paprikaschote
1 Möhre (ca. 100 g)
125 g Shiitakepilze
300 g Tofu (eingefroren und wieder aufgetaut; siehe Tipp)
20 g Ingwer
1 Knoblauchzehe
½ rote Chilischote
4 EL helle Sojasauce
ca. 2½ EL Limettensaft
1 EL Rohrohrzucker
2 EL ungeschälte Sesamsamen
2 EL Öl
Salz (nach Belieben)
geröstetes Sesamöl
Reisessig

TOFU TUNING

Durch Einfrieren und anschließendes Auftauen entstehen beim Tofu kleine Poren, durch die sich die enthaltene Flüssigkeit gut ausdrücken lässt. So lässt sich Tofu prima anbraten und nimmt Saucen besser auf.

Rice Hotties

Chicken Palak Pulao

Thai Beef Soup

Happy Asia Bowl

Happy Asia Bowl

ca. 30 Min. • ★★ • 2 Personen

1–2 Möhren (z. B. violette) • 3–4 TL geröstetes Sesamöl • 8 TL Limettensaft • 1 TL geschälter Sesam
Salz • ½ getrocknete rote Chilischote • 1 Zucchini
2–3 TL Agavendicksaft • 2–3 Frühlingszwiebeln
6 Romanasalatherz-Blätter • 200 g Tempeh
20 g Ingwer • Öl zum Braten • 300–400 g gegarter
Basmatireis (ungekocht 120–160 g) • 4 EL Sojasauce • 2–3 TL Reisessig • 2 EL geröstete ungesalzene Erdnusskerne

1 Möhren putzen, schälen und raspeln. Mit
1 TL Sesamöl, 2 TL Limettensaft und Sesam verrühren und salzen. Chilischote zerkleinern, Zucchini
putzen, waschen und mit dem Sparschäler in Streifen schneiden. Mit 2 TL Limettensaft verrühren,
mit Salz, etwas Agavendicksaft und Sesamöl sowie
Chili abschmecken. Frühlingszwiebeln putzen, waschen und in Ringe schneiden. Salatblätter waschen, trocken tupfen und in Streifen schneiden.
Tempeh in Scheiben schneiden. Ingwer schälen
und klein würfeln. 1½ EL Öl in der Pfanne erhitzen,
Reis und Ingwer darin etwa 5 Minuten anbraten,
vom Herd nehmen. 2 EL Sojasauce, je 2 TL Reisessig, Limettensaft und Sesamöl sowie 1 TL Agavendicksaft untermischen. Mit Salz und Reisessig abschmecken. Den Reis in zwei Schüsseln häufen.

2 Öl in der Pfanne erhitzen. Tempeh darin auf
jeder Seite knusprig braten. Öl abgießen, restliche
Sojasauce und Limettensaft sowie übrigen Agavendicksaft dazugeben, kurz durchschwenken. Alle
Zutaten rund um den Reis anrichten, servieren.

Thai Beef Soup

ca. 25 Min. • ★ • 2 Personen

1 Zwiebel • 20 g Ingwer • 1 rote Chilischote • 1 Zucchini • 1 EL Öl • 150 g Rinderfilet • 2 Kaffir-Limettenblätter • ½ TL Garnelenpaste (aus dem Asialaden) • 2–3 TL Fischsauce • 1½ EL Limettensaft
1½ EL Rohrohrzucker • 700 ml heiße Gemüsebrühe
3 Stiele Koriandergrün • 1 Bund Schnittknoblauch
Salz • 150–200 g gegarter Basmatireis (ungegart
60–80 g) • 1–2 EL geröstete ungesalzene Erdnusskerne

1 Zwiebel und Ingwer schälen und in feine Würfel schneiden. Chilischote waschen und in Ringe
schneiden. Zucchini putzen, waschen und in dünne
Scheiben schneiden. Das Öl in der Pfanne erhitzen.
Das Fleisch darin bei starker Hitze kurz auf jeder
Seite anbraten, bis es leicht gebräunt ist, herausnehmen. Zwiebel und Ingwer anbraten. Die Chiliringe kurz mitbraten. Limettenblätter, Garnelenpaste,
2 TL Fischsauce und je 1 EL Limettensaft und Zucker dazugeben. Brühe angießen und aufkochen
lassen. Zucchini hinzufügen und zugedeckt bei
schwacher Hitze etwa 5 Minuten köcheln lassen.

2 Inzwischen Koriander und Schnittknoblauch
waschen und trocken tupfen. Korianderblätter abzupfen, Schnittknoblauch in feine Ringe schneiden. Die Suppe mit Salz, Limettensaft und Zucker
abschmecken. Das Fleisch in dünne Scheiben
schneiden und in der Suppe knapp gar ziehen lassen. Den Reis auf Suppenschalen verteilen und die
Suppe darüberschöpfen. Mit Koriander, Schnittknoblauch und Erdnüssen garniert servieren.

Rice Hotties

ca. 30 Min. • ★★ • 12 Stück

1 Zwiebel • 1 Knoblauchzehe • Öl zum Braten und Ausbacken • 1 TL rote Thai-Currypaste • 100 g Jasminreis • 1 TL Fischsauce • 1 Ei (Gr. L) • 50 g Kokosraspel • 1–2 TL Limettensaft

1 Zwiebel und Knoblauch schälen und in feine Würfel schneiden. Zwiebel in 1 EL Öl in einer hohen Pfanne glasig dünsten. Knoblauch und Currypaste dazugeben und kurz mitdünsten. Den Reis und die Fischsauce hinzufügen, 200 ml heißes Wasser angießen und alles mit geschlossenem Deckel bei schwacher Hitze 12 Minuten köcheln lassen.

2 Den gegarten Reis auflockern und in eine Schüssel umfüllen, 5 Minuten ruhen lassen. Die Pfanne säubern. Ei, Kokosraspel und 1 TL Limettensaft zum Reis geben, gründlich mischen und mit Salz und Limettensaft abschmecken.

3 Aus der Reis-Kokos-Masse 12 etwa walnussgroße Bällchen formen und zwischen den Händen vorsichtig rund rollen. 5 cm hoch Öl in der Pfanne erhitzen. Es ist heiß genug, wenn sich an einem hineingehaltenen Holzlöffelstiel Bläschen bilden. Die Bällchen im Öl 5 bis 6 Minuten goldbraun ausbacken, dabei mindestens einmal wenden.

4 Die Bällchen mit dem Schaumlöffel aus dem Öl heben und auf Küchenpapier abtropfen lassen. Nach Belieben mit Sweet Chili Sauce, Sambal Oelek oder selbst gemachter Erdnusssauce (siehe S. 110) servieren.

Chicken Palak Pulao

ca. 35 Min. • ★★ • 2 Personen

1 Zwiebel • 10 g Ingwer • 1 Knoblauchzehe 150 g Blattspinat • 150 g Champignons 150 g Hähnchenbrustfilet • 150 g Basmatireis 5 Kardamomkapseln • 2 Gewürznelken • Fenchelsamen • ½ Zimtstange • 1 EL Öl • 2 TL Garam Masala • ½ TL gemahlene Kurkuma • 30 g Cashewkerne • 300 ml Gemüsebrühe • 2 TL Rohrrohrzucker 1 EL Zitronensaft • 1–2 EL Koriandergrün

1 Zwiebel, Ingwer und Knoblauch schälen und in feine Würfel schneiden. Spinat verlesen, waschen und trocken schleudern, grobe Stiele entfernen. Pilze putzen, trocken abreiben, halbieren und in Scheiben schneiden. Hähnchen waschen, trocken tupfen und in sehr feine Streifen schneiden. Reis in einem Sieb waschen, bis das Wasser klar bleibt. Abtropfen lassen.

2 Kardamom, Nelken, 1 Msp. Fenchelsamen und die Zimtstange in der Pfanne ohne Fett anrösten, bis es zu duften beginnt. Öl, Garam Masala und Kurkuma dazugeben, dann Zwiebel, Ingwer, Knoblauch, Hähnchen, Cashews und Pilze dazugeben und rundum anbraten. Spinat hinzufügen und zusammenfallen lassen, den Reis dazugeben, alles gut verrühren und flach drücken.

3 Brühe, Zucker und Zitronensaft verrühren und dazugießen. Aufkochen, zugedeckt 8 Minuten köcheln lassen. Reis auf der ausgeschalteten Herdplatte zugedeckt 10 Minuten gar ziehen lassen. Pulao auflockern, mit Koriander garniert servieren.

FÜR DIE RICHTIGE WÜRZE

BASICS & MORE
SALT 'N' PEPPER

Salz und Pfeffer sind auch nicht mehr, was sie einmal waren. Heute dürfen es gerne einmal Fleur-de-Sel-Flöckchen als knackiges Topping oder herzhaftes Rauchsalz sein. Neben klassischem schwarzem und weißem Pfeffer – natürlich frisch gemahlen – würze ich außerdem gerne mit eingelegtem grünem Pfeffer, der neben einer scharfen Pfeffernote zusätzlich ein fruchtiges, säuerliches Aroma mitbringt. Rosa Pfefferbeeren sind zwar eigentlich gar kein Pfeffer, sondern die Früchte zweier südamerikanischer Sumachbaumarten, haben aber ein ähnliches, nur leicht scharfes Aroma und passen besonders gut zu Fisch und Geflügel. Außerdem peppen sie schlichtes Essen als kleine Farbtupfer optisch auf.

Die Klassiker

Zwiebeln und Knoblauch kann man zwar auch zu den Gemüsen rechnen, für mich sind sie jedoch wertvolle Würzzutaten und verleihen vielen Gerichten eine fantastische Basiswürze. Während sich Zwiebeln sehr gut anbraten lassen, ohne gleich zu verbrennen, sollte man Knoblauch immer nur kurz braten. Er wird schnell schwarz und schmeckt dann auch verbrannt und bitter. Für rohe Zubereitungen verwende ich übrigens besonders gerne rote Zwiebeln, da diese etwas milder sind als andere Sorten. In jeden Gewürzschrank gehören zudem Nelken, Wacholderbeeren, Lorbeerblätter, Kümmel und Piment, welche unentbehrlich sind für die klassische Fleischküche, aber auch für Rotkohl, Sauerkraut und andere Kohlzubereitungen. Auch in der mediterranen und indischen Küche werden diese Gewürze vielfach verwendet. Meerrettich, Senf, von scharf bis süß, und edelsüßes oder geräuchertes Paprikapulver runden den Basisvorrat ab.

DIE SCHARFEN

Alles, was scharf ist, hat in der Regel mit den bereits links erwähnten Pfeffer, Senf und Meerrettich zu tun – oder mit Chilischoten. Ob Jalapeños, Habaneros oder Birdeye: Chilis gibt es in allen Schärfen, Farben und Größen. Auch getrocknet und zerkleinert als türkische Pul Biber, unter dem Namen Cayennepfeffer oder rosenscharfes Paprikapulver als Pulver oder als indonesische Würzsauce Sambal Oelek. Auch Japan hat einen scharfen Export zu bieten: Wasabi, wahlweise als Pulver oder Paste. Diese Meerrettichart treibt einem die Tränen in die Augen und hat gleichzeitig die meerrettichtypische zitronige Frische. Zudem ist die Wasabischärfe – im großen Gegensatz zur Chilischärfe – genauso schnell verschwunden, wie sie gekommen ist.

Die Exoten

Nordafrika, Vorderasien und insbesondere Südostasien haben eine schier unüberschaubare Vielfalt an Gewürzen zu bieten, die teilweise schon im Altertum begehrt waren und von denen nur die wenigsten über Tausende von Kilometern über die Gewürzstraße nach Europa transportiert wurden – die Vorboten der Globalisierung! Eingang in die europäische Küche haben etwa die wohlig wärmenden Kreuzkümmel, Koriander, Kardamom, Safran und Kurkuma gefunden. Ingwerknollen sind mit ihrem frisch-scharfen Aroma aus asiatischen Pfannengerichten kaum wegzudenken, vertragen sich aber auch erstaunlich gut mit einheimischen Gerichten, etwas als Ergänzung für Salatdressings. Zimt und Vanille finden hierzulande fast ausschließlich in Süßspeisen Verwendung, passen aber auch sehr gut zu exotisch-würzigen Fleisch- und Fischgerichten.

Pasten, Würzsaucen & Öle

Während man Pesto – Ausnahme würziges Bärlauch-Pesto aus dem Biomarkt – lieber selber macht, kann man bei Currypaste – etwa gelber Currypaste oder roter Vindaloopaste – getrost auf Fertigprodukte aus dem Asiashop zurückgreifen. Die große Anzahl an exotischen Gewürzen macht eine Zubereitung zu Hause sehr schwierig. Außerdem gibt es einige Sorten, die ohne Zusatzstoffe auskommen. Auch Harissa-

paste, die scharfwürzige nordafrikanische Chilipaste mit Kreuzkümmel und Koriander, ist in guter Qualität im Handel erhältlich, besonders in türkischen und arabischen Lebensmittelläden. Asiatische Favoriten sind kräftig salzige Sojasauce und herbwürziges geröstetes Sesamöl. Mein Tipp: Wer Gen-Soja vermeiden möchte, kauft nur Sojasauce aus dem Bioladen.

Mango-Garnelen-Curry

☞ ca. 20 Min.

★★ mittel

2 Personen

1 Zwiebel, Ingwer und Knoblauch schälen und in feine Würfel schneiden. Chili und Paprikaschote längs halbieren, entkernen und waschen. Die Chili in feine Würfel, die Paprika in große Würfel schneiden. Die Süßkartoffel schälen, längs vierteln und in Scheiben schneiden. Die Mango schälen, das Fruchtfleisch zunächst vom Stein und dann in Scheiben schneiden. 250 g abwiegen. Die Garnelen kalt abbrausen, abtropfen lassen und mit Küchenpapier trocken tupfen.

2 Das Öl in einer Pfanne erhitzen. Zwiebel, Ingwer und Chili darin andünsten, bis die Zwiebel glasig ist. Den Knoblauch kurz mitdünsten. 1 TL Zucker, Curry- und Garnelenpaste hinzufügen und etwas andünsten. Paprika und Süßkartoffel dazugeben und mitdünsten. Kokosmilch und ¼ l heißes Wasser dazugeben. Leicht mit Salz würzen und offen 2 bis 3 Minuten einkochen, dann zugedeckt weitere 2 bis 3 Minuten garen.

3 Die Mangoscheiben auf das Curry legen und zugedeckt 2 bis 3 Minuten erwärmen. Die Garnelen drauflegen und alles zugedeckt weitere 2 bis 3 Minuten köcheln, bis die Süßkartoffeln und die Garnelen gar sind.

4 Alle Zutaten gut verrühren und das Curry mit Salz, Zucker und Limettensaft abschmecken. Auf zwei Teller oder Schüsseln verteilen und mit dem Koriander bestreut servieren.

ZUTATEN

1 Zwiebel

20 g Ingwer

1 Knoblauchzehe

1 rote Chilischote

1 rote Spitzpaprikaschote

1 Süßkartoffel (ca. 300 g)

1 große reife Mango

200–250 g tiefgekühlte Garnelen (küchenfertig und aufgetaut)

2 EL Öl

1–2 TL Rohrohrzucker

2 EL Madras-Currypaste (aus dem Bioladen; ersatzweise 2–3 TL gelbe Currypaste aus dem Asialaden)

½ TL Garnelenpaste (aus dem Asialaden)

200 ml Kokosmilch

Salz

1–1½ EL Limettensaft

1 EL Koriandergrün

Wärmendes Linsen-Dal

Veggie Vindaloo Curry mit
Knoblauch-Chapati

Wärmendes Linsen-Dal

☞ ca. 35 Min.

★ einfach

2 Personen

1 Die Möhre putzen, schälen, längs halbieren und in Scheiben schneiden. Die Tomaten waschen und halbieren, Kerne und Stielansätze entfernen. Die Tomatenhälften in Würfel schneiden. Zwiebel, Knoblauch und Ingwer schälen und in feine Würfel schneiden. Die Linsen in einem Sieb waschen und abtropfen lassen.

2 Die Butter in der Pfanne erhitzen, Zwiebel, Knoblauch, Ingwer, Chili und 1 Msp. Kreuzkümmel darin andünsten, bis die Zwiebelwürfel glasig sind. Currypulver, Honig, Möhre und Tomaten dazugeben und kurz in der Pfanne schwenken. Die Linsen untermischen, ½ l heißes Wasser angießen, aufkochen und alles zugedeckt bei schwacher bis mittlerer Hitze 8 Minuten köcheln lassen.

3 Inzwischen die Zitrone heiß waschen und trocken reiben, die Schale abreiben und den Saft auspressen. Den Koriander waschen und trocken tupfen, die Blätter abzupfen und in Streifen schneiden. Die Linsen leicht mit Salz würzen und offen weitere 6 bis 8 Minuten köcheln, bis sie gar sind, aber noch etwas Biss haben.

4 Cashewmus, Zitronenschale, 1 EL Zitronensaft und den Koriander bis auf 1 EL unterrühren, nach Belieben noch etwas Butter dazugeben. Das Dal mit Salz und Zitronensaft abschmecken und auf zwei Suppenschalen verteilen. Je 1 EL Joghurt daraufgeben, mit dem restlichen Koriander und ein paar Kreuzkümmelsamen garnieren.

ZUTATEN

1 Möhre (ca. 150 g)

2 Tomaten

1 Zwiebel

1 Knoblauchzehe

15 g Ingwer

150 g rote Linsen

ca. 20 g Butter

1 getrocknete rote Chilischote

Kreuzkümmelsamen

2 TL Currypulver

2 TL Honig

1 Bio-Zitrone

4–5 Stiele Koriandergrün

Salz

1 EL Cashewmus (aus dem Bioladen; ersatzweise Mandelmus)

2 EL griechischer Joghurt

Veggie Vindaloo Curry mit Knoblauch-Chapati

☞ ca. 45 Min.

★★ mittel

2 Personen

1 Für das Curry die Kichererbsen in ein Sieb abgießen, kalt abspülen und abtropfen lassen. Blumenkohl waschen. Zwiebel, Ingwer und Knoblauch schälen und in feine Würfel schneiden.

2 Zwiebel in der Pfanne im Öl anbraten. Ingwer, Chili, Knoblauch und Blumenkohl 2 bis 3 Minuten mitbraten. Kichererbsen, Currypaste und Zucker dazugeben und durchschwenken. Tomaten und Kokosmilch hinzufügen, leicht mit Salz würzen, aufkochen und zugedeckt bei mittlerer Hitze 8 Minuten kochen. Danach offen 10 Minuten köcheln lassen.

3 Für die Chapatis das Mehl mit 1 Prise Salz und 50 ml lauwarmem Wasser zu einem geschmeidigen Teig verkneten. Die Butter zerlassen. Den Knoblauch schälen und durchpressen, mit etwas Salz würzen. Den Teig halbieren und jede Portion auf der bemehlten Arbeitsfläche auf Pfannengröße ausrollen. Je eine Hälfte mit Butter bestreichen, die Fladen zusammenklappen, erneut mit Butter bestreichen und wieder zusammenklappen. Mit den Händen in eine runde Form ziehen und erneut ausrollen. Den Knoblauch und 1 EL Koriander unter die restliche Butter rühren.

4 1 EL Essig unter das Curry rühren. Mit Salz, Essig und Zitronensaft abschmecken. In eine Schüssel umfüllen und zugedeckt beiseitestellen, die Pfanne säubern. Einen Fladen darin bei mittlerer Hitze backen, bis er sich aufbläht und die Unterseite gebräunt ist. Wenden und backen, bis die zweite Seite ebenfalls gebräunt ist, dabei die Oberseite mit Knoblauch-Koriander-Butter bestreichen. Das zweite Chapati genauso zubereiten. Das Vindaloo Curry auf zwei Teller verteilen, mit der übrigen Knoblauch-Koriander-Butter beträufeln und mit Koriander garnieren, die Chapatis dazu servieren.

ZUTATEN

Für das Curry:

1 Dose Kichererbsen (265 g Abtropfgewicht)

250 g Blumenkohlröschen

1 Zwiebel

20 g Ingwer

1 Knoblauchzehe

2 EL Öl

1 getrocknete rote Chilischote

3 TL Vindaloo-Currypaste

1 EL Rohrohrzucker

400 g stückige Tomaten (aus der Dose)

200 ml Kokosmilch

Salz

1–2 EL Weißweinessig

ca. ½ EL Zitronensaft

Für die Chapatis:

90 g Mehl

Salz

80 g Butter

1 Knoblauchzehe

3 EL fein gehacktes Koriandergrün

Venezolanische Arepas mit Hähnchenfüllung

☞ ca. 45 Min.
★★★ aufwendig
4 Stück

1 Für die Füllung das Hähnchenfleisch waschen und mit Küchenpapier trocken tupfen. 1 cm hoch Salzwasser in der Pfanne erhitzen und das Fleisch darin zugedeckt bei schwacher bis mittlerer Hitze etwa 8 Minuten garen. Herausnehmen und abkühlen lassen, die Pfanne säubern.

2 Die Jalapeño entkernen und waschen, Zwiebel und Knoblauch schälen. Alles in feine Würfel schneiden. Koriander waschen und trocken tupfen, die Blätter abzupfen und fein hacken. Alles mit Mayonnaise, Agavendicksaft, Essig, 2 EL Limettensaft und Kreuzkümmel verrühren. Die Avocado halbieren und den Kern entfernen. Die Hälften schälen und in kleine Würfel schneiden. Unter die Mayonnaise mischen. Das Hähnchen klein zupfen und untermischen. Mit Salz und Pfeffer würzen und etwas ziehen lassen. Vor der Verwendung erneut mit Salz, Pfeffer und etwas Limettensaft abschmecken.

3 Für die Arepa-Fladen 2 TL Öl und etwas Salz zum Mehl geben. 125 ml lauwarmes Wasser dazugeben und alles zu einem geschmeidigen Teig mischen, ggf. kurz ruhen lassen. Aus dem Teig mit den Händen 4 etwa 1,5 cm dicke runde Fladen formen. Das restliche Öl in der Pfanne erhitzen und die Fladen darin bei mittlerer Hitze auf jeder Seite je etwa 5 Minuten backen, bis sie leicht gebräunt sind. Herausnehmen und lauwarm abkühlen lassen.

4 Inzwischen die Tomaten waschen und in Scheiben schneiden, dabei die Stielansätze entfernen. Die Salatblätter waschen, trocken tupfen und grob zerpflücken. Die Arepas so aufschneiden, dass sie an einer Seite noch zusammenhängen. Vorsichtig aufklappen, Tomaten und Salat hineinlegen, mit reichlich Füllung belegen, zusammenklappen und sofort servieren.

ZUTATEN
Für die Füllung:
200 g Hähnchenbrustfilet
Salz
½ Jalapeño-Chilischote
½ rote Zwiebel
1 Knoblauchzehe
5 Stiele Koriandergrün
100 g Salatmayonnaise
2 TL Agavendicksaft
2 EL Weißweinessig
2–3 EL Limettensaft
½ TL gemahlener Kreuzkümmel
1 Avocado (der Sorte Hass)
Pfeffer aus der Mühle
2 Tomaten
4 Romanasalatherz-Blätter
Für die Arepa-Fladen:
1–2 EL Öl
Salz
140 g vorgekochtes weißes Maismehl (aus dem Asialaden)

Süßkartoffel-Chili

Süßkartoffel-Chili

☞ ca. 35 Min.

★ einfach

2 Personen

1 Die Zwiebel und den Knoblauch schälen und in feine Würfel schneiden. Die Paprika längs halbieren, entkernen, waschen und klein schneiden. Die Süßkartoffel schälen und in Würfel schneiden. Die Kidneybohnen in ein Sieb abgießen, kalt abspülen und abtropfen lassen.

2 Das Öl in der Pfanne erhitzen. Das Hackfleisch darin krümelig braten und leicht mit Salz würzen. Zwiebel, Knoblauch, Chilischoten, Oregano, Paprika und Süßkartoffel dazugeben und unter häufigem Rühren 4 bis 5 Minuten mitbraten. Kreuzkümmel, Kakaopulver und Honig hinzufügen und den Honig leicht karamellisieren.

3 Bohnen, Tomaten und Brühe hinzufügen und zum Kochen bringen. Alles mit geschlossenem Deckel bei mittlerer Hitze etwa 12 Minuten garen. 2 TL Paprikapulver unterrühren und das Süßkartoffel-Chili offen 6 bis 8 Minuten garen, bis die Flüssigkeit stark reduziert ist.

4 Inzwischen die halbe Zitrone heiß waschen und trocken reiben, die Schale fein abreiben und den Saft auspressen. Die Zitronenschale unter das Chili rühren, mit Salz, Pfeffer, Essig und Zitronensaft abschmecken.

5 Die Frühlingszwiebel putzen, waschen und in feine Ringe schneiden. Das Chili auf zwei Suppenschalen verteilen, je 1 EL saure Sahne bzw. Schmand daraufgeben, etwas Paprikapulver darüberstreuen und mit den Frühlingszwiebelringen garnieren.

ZUTATEN

1 Zwiebel
2 Knoblauchzehen
1 rote Paprikaschote
1 Süßkartoffel (ca. 250 g)
1 Dose Kidneybohnen
(250 g Abtropfgewicht)
2 EL Öl
150 g Rinderhack
Salz
2 getrocknete rote Chilischoten
1 TL getrockneter Oregano
1 TL gemahlener Kreuzkümmel
1 TL Kakaopulver
2 TL Honig
400 g stückige Tomaten
(aus der Dose)
300 ml heiße Gemüse- oder Rinderbrühe
2–3 TL edelsüßes Paprikapulver
½ Bio-Zitrone
Pfeffer aus der Mühle
ca. 1 EL Aceto balsamico
1 Frühlingszwiebel
2 EL saure Sahne oder Schmand

Chicken Quesadillas

☞ ca. 40 Min.

+ 1 Std. Ruhen

★★★ aufwendig

4–6 Personen

1 Für den Teig Mehl, Schmalz und Salz zu einer bröseligen Masse zerreiben. Olivenöl und Mineralwasser dazugeben, alles mit den Knethaken des Handrührgeräts zu einem glatten Teig kneten und mit einem Küchentuch zugedeckt 1 Stunde ruhen lassen.

2 Für die Füllung das Hähnchenfleisch waschen und mit Küchenpapier trocken tupfen. Sehr klein schneiden. Die Paprika längs halbieren, entkernen, waschen und in kleine Würfel schneiden. Knoblauch schälen und in feine Würfel schneiden. Den Mais in einem Sieb abtropfen lassen.

3 Olivenöl in der Pfanne erhitzen und die Paprika darin bei mittlerer Hitze anbraten. Hähnchen, Mais und Knoblauch dazugeben und 4 bis 5 Minuten mitbraten. Oregano, Kreuzkümmel und Honig dazugeben und alles kurz durchschwenken. Mit Essig und Limettensaft ablöschen, mit Salz, Pfeffer und Cayennepfeffer würzen. In eine Schüssel füllen und die Pfanne säubern.

4 Teig mit 2 EL Mehl gut durchkneten. In vier Portionen teilen und auf der stark bemehlten Arbeitsfläche zu pfannengroßen Fladen ausrollen. Fladen nacheinander in der Pfanne ohne Fett auf jeder Seite bei mittlerer Hitze je 4 bis 5 Minuten backen, bis sie leicht gebräunt sind.

5 Zwei Fladen mit der Hälfte des Käses bestreuen und die Füllung darauf verteilen, restlichen Käse darüberstreuen. Die übrigen Fladen mit Frischkäse bestreichen und mit der bestrichenen Seite nach unten fest auf die anderen Fladen drücken. Die Quesadillas in der Pfanne bei mittlerer Hitze auf jeder Seite backen, bis sie heiß und knusprig sind und der Käse geschmolzen ist. Herausnehmen, in breite Kuchenstücke schneiden und sofort servieren.

ZUTATEN

Für den Teig:

150 g Vollkornweizenmehl

30 g Schweineschmalz

½ TL Salz

1 TL Olivenöl

125 ml Mineralwasser (mit Kohlensäure)

Mehl zum Verarbeiten

Für die Füllung:

200 g Hähnchenbrustfilet

1 rote Paprikaschote

1 Knoblauchzehe

1 kleine Dose Mais (Abtropfgewicht 140 g)

1 EL Olivenöl

1 TL getrockneter Oregano

1 TL gemahlener Kreuzkümmel

1 TL Honig

ca. ½ EL Weißweinessig

ca. ½ EL Limettensaft

Salz

Pfeffer aus der Mühle

Cayennepfeffer

200 g geriebener Cheddar

100 g Frischkäse

KAPITEL 4

DAS ERSTE EXTRA DES TAGES

Frühstück & Brunch

BIG PAN THEORY

Pancakes mit Salzkaramell und bunten Beeren

☞ ca. 20 Min.

★★ mittel

2 Personen

1 Für die Sauce den Zucker in der Pfanne schmelzen und hellbraun karamellisieren. Die Butter dazugeben, schmelzen lassen und unterrühren. Dann 3 EL Sahne dazugeben und weiterrühren, bis sich der Karamell vollständig gelöst hat und eine cremige Sauce entstanden ist. Ggf. noch etwas Sahne unterrühren. Mit 1 Prise Salz oder Fleur de Sel leicht salzig abschmecken. Die Sauce in ein Schälchen füllen und die Pfanne säubern.

2 Für die Pancakes Mehl, Zucker, Backpulver und Natron in einer Schüssel mischen. Das Ei und die saure Sahne unterrühren. In der Pfanne 1 EL Öl erhitzen. Die Hälfte des Teigs in 3 kleinen Portionen in die Pfanne geben und bei mittlerer Hitze 2 bis 3 Minuten backen, bis die Unterseiten leicht gebräunt sind. Wenden und fertig backen, aus der Pfanne nehmen und auf Küchenpapier abtropfen lassen. Die übrigen 3 Pancakes genauso zubereiten.

3 Je 3 Pancakes auf einem Teller stapeln und mit etwas Karamellsauce beträufeln. Die Walnusskerne zerbröckeln und darüberstreuen. Die Beeren verlesen, waschen und abtropfen lassen. Pancakes mit Puderzucker bestäuben und die Beeren darauf anrichten.

ZUTATEN

Für die Sauce:

50 g Rohrohrzucker

20 g Butter

ca. 3 EL Sahne

Salz oder Fleur de Sel

Für die Pancakes:

100 g Mehl

2 EL Zucker

1 TL Backpulver

1 TL Natron

1 Ei (Gr. L)

100 g saure Sahne

2 EL Öl

Außerdem:

30 g Walnusskerne

ca. 200 g gemischte Beeren (z.B. Heidelbeeren, Himbeeren und Erdbeeren)

Puderzucker zum Bestäuben

Roasted Porridge mit
allerlei Toppings

Karamellisierter Obstsalat
mit griechischem Joghurt

Roasted Porridge mit allerlei Toppings

☞ ca. 10 Min.
★ einfach
2 Personen

1 Haselnüsse, Leinsamen und Vanillezucker mischen. Die Haferflocken in der Pfanne ohne Fett anrösten, bis sie duften. Die Haselnussmischung dazugeben und mitrösten bzw. leicht karamellisieren. Mit 200 ml Wasser ablöschen und die Milch dazugießen. Leicht salzen, aufkochen und offen 5 Minuten dicklich einkochen lassen.

2 Den Porridge mit 1 EL Ahornsirup süßen und auf zwei Schalen verteilen. Mit Ahornsirup beträufeln, mit Haselnusskrokant garnieren.

ZUTATEN

50 g gemahlene Haselnüsse
2 EL geschroteter Leinsamen
2 Pck. Bourbon-Vanille-zucker
60 g zarte Haferflocken
600 ml Milch
Salz
ca. 3 EL Ahornsirup
1 EL Haselnusskrokant (Fertigprodukt)

TOPPINGPARADE

Apple Cinnamon Crunch
1 Apfel waschen und vierteln, das Kerngehäuse entfernen. Die Viertel klein würfeln und mit je 1 TL Zitronensaft und Ahornsirup sowie 1 Msp. Zimtpulver verrühren. 30 g Walnusskerne zerbröckeln. Apfelwürfel, je 2 EL Knuspermüsli und die Walnusskerne auf den Porridge streuen.

Bahama Mama
Je 100 g Mango- und Papayafruchtfleisch würfeln und mit 1 EL Limettensaft und ½ EL Agavendicksaft verrühren. Auf dem Porridge anrichten, jede Portion mit Granatapfelkernen und Kokos-Chips bestreuen.

Superfood
Je 1 EL Heidelbeeren, getrocknete Gojibeeren und ungeschälte Mandeln sowie 1 TL Chiasamen auf jede Portion Porridge geben.

Banana!
Je 1 EL Bananenjoghurt auf den Porridge geben. 1 Banane schälen, in Scheiben schneiden und darauf anrichten. 30 g Vollmilchschokolade fein hacken und mit je 1 EL Haselnusskrokant auf den Porridge geben.

Karamellisierter Obstsalat mit griechischem Joghurt

☞ ca. 10 Min.
★ einfach
2 Personen

1 Die Ananas schälen und zuerst in Spalten, dann in dicke Scheiben schneiden. Den Apfel waschen und vierteln, das Kerngehäuse entfernen. Die Apfelviertel zuerst in Spalten, dann in Scheiben schneiden. Die Weintrauben waschen, trocken tupfen und abzupfen.

2 Die Nüsse grob zerbröckeln, in der Pfanne ohne Fett hellbraun anrösten und sofort wieder herausnehmen. Den Zucker in der Pfanne hellbraun karamellisieren, das Obst hineingeben und etwa 2 Minuten in der Pfanne schwenken. Mit dem Limettensaft ablöschen.

3 Den Joghurt auf zwei tiefe Teller oder Schalen verteilen und den Obstsalat und die gerösteten Nüsse darauf anrichten. Mit etwas Honig beträufeln. Nach Wunsch noch etwas Müsli dazu servieren.

ZUTATEN
ca. 300 g Ananas
1 Apfel
100 g kernlose grüne oder blaue Weintrauben
60 g gemischte Nusskerne
1 EL Rohrohrzucker
1 EL Limettensaft
400 g griechischer Joghurt
1–2 EL Honig

VEGANOMAT

Für ein veganes Frühstück am Vorabend 500 g Sojajoghurt in ein mit einem sauberen Küchentuch ausgelegtes Sieb füllen und über eine Schüssel hängen. Mit den überstehenden Tuchrändern zudecken und mit einem Teller beschweren. Im Kühlschrank über Nacht abtropfen lassen. Am nächsten Morgen 100 ml Kokosmilch erwärmen, bis sich das Fett gelöst hat. Lauwarm abkühlen lassen. Mit dem abgetropften Sojajoghurt und 1 EL Limettensaft verrühren. Mit Agavendicksaft süßen und, wie im Rezept oben beschrieben, verwenden.

Kräuteromelett mit Räucherlachs

☞ ca. 15 Min.

★ einfach

2 Personen

1 Den Knoblauch schälen und in sehr feine Würfel schneiden. Die Eier mit den tiefgekühlten Kräutern und dem Knoblauch gründlich verquirlen. Leicht mit Salz und Pfeffer würzen.

2 Die Tomaten waschen und in Scheiben schneiden. Das Basilikum waschen und trocken tupfen, die Blätter abzupfen. Den Frischkäse und den Senf verrühren und mit Salz und Pfeffer abschmecken.

3 Das Öl und die Butter in der Pfanne erhitzen. Die Eiermasse hineingießen und gleichmäßig darin verteilen. Eine Hälfte mit Tomaten und Basilikum belegen und mit geschlossenem Deckel bei mittlerer Hitze 2 Minuten backen. Dann die Eiermasse vorsichtig vom Pfannenboden lösen.

4 Die Senf-Frischkäse-Mischung auf der belegten Omeletthälfte verteilen und den Räucherlachs darauflegen. Mit geschlossenem Deckel weiterbacken, bis das Omelett gestockt ist. Dann über der Füllung zusammenklappen und 1 Minute ziehen lassen.

5 Die Kresse vom Beet abschneiden, waschen und trocken tupfen. Das Omelett halbieren und auf zwei Teller verteilen. Mit grob gemahlenem Pfeffer und der Kresse bestreut servieren.

ZUTATEN

1 Knoblauchzehe
4 Eier (Gr. M oder L)
4 EL tiefgekühlte Gartenkräuter
Salz
Pfeffer aus der Mühle
5 Cocktailtomaten
3–4 Stiele Basilikum
50 g Frischkäse
2 EL süßer Senf
1 EL Öl
1 TL Butter
100 g Räucherlachs
(in Scheiben)
½ Beet Kresse

Getrüffeltes Tomaten-Rührei

☞ ca. 15 Min.

★ einfach

2 Personen

1 Die Tomaten waschen und halbieren. Die Zwiebel schälen und in feine Würfel schneiden. Den Schnittlauch waschen, trocken tupfen und in feine Röllchen schneiden. Die Eier in eine Schüssel aufschlagen und gründlich mit dem Trüffelöl verquirlen.

2 Das Olivenöl in der Pfanne erhitzen und die Zwiebel darin bei mittlerer Hitze etwa 5 Minuten anbraten. Die Tomaten dazugeben und 5 Minuten mitbraten, nach 3 Minuten die grünen Pfefferkörner dazugeben. Mit Salz würzen.

3 Die Butter in der Pfanne erhitzen. Die Ei-Trüffel-Mischung in die Pfanne gießen und die Unterseite bei mittlerer Hitze leicht stocken lassen. Das Rührei zwei- bis dreimal durch die Pfanne schieben, bis es gerade gestockt ist. Mit Salz und Pfeffer würzen. Auf zwei Teller verteilen und mit den Schnittlauchröllchen bestreut servieren. Dazu passt ein knuspriges Holzofenbrot.

ZUTATEN

250 g Cocktailtomaten
1 Zwiebel
½ Bund Schnittlauch
4 Eier
2 TL Trüffelöl
1 EL Olivenöl
1 TL eingelegte grüne
Pfefferkörner
Salz
20 g Butter
Pfeffer aus der Mühle

SWISS CHEESE & HAM

1 Zwiebel schälen und in feine Würfel schneiden. 60 g Schweizer Käse (z. B. Gruyère) reiben. 2 Scheiben gekochten Schinken in kurze Streifen schneiden. 4 Eier in eine Schüssel aufschlagen und gründlich verquirlen. In der Pfanne 1 EL Öl erhitzen und die Zwiebel darin bei mittlerer Hitze etwa 8 Minuten anbraten. Den Schinken dazugeben und 2 Minuten mitdünsten. Mit Salz würzen. 20 g Butter in der Pfanne erhitzen. Die Eier hineingießen und den Käse darüberstreuen. Die Unterseite leicht stocken lassen. Das Rührei zwei- bis dreimal durch die Pfanne schieben, bis es gerade gestockt ist. Mit Salz und Pfeffer würzen. Nach Belieben mit Schnittlauchröllchen bestreut servieren.

Knusprige Röstsandwiches

Monsieur

Oriental

Easy Homemade
Hummus

Tonnato

Knusprige Röstsandwiches

Monsieur

ca. 15 Min. • ★ • 2 Stück

2 Blätter Lollo biondo • 1 Knoblauchzehe
70 g franz. Weichkäse (Brie oder Camembert)
2 große Scheiben Landbrot (ca. 25 cm lang)
2–3 EL Olivenöl • 2 TL Dijon-Senf • 4 TL Preiselbeeren (aus dem Glas) • 50 g roher Schinken

1   Die Salatblätter waschen und trocken tupfen,
nach Belieben etwas kleiner zupfen. Den Knoblauch schälen und halbieren. Den Käse in Scheiben
schneiden. Die Brotscheiben auf beiden Seiten mit
Olivenöl bestreichen und in der Pfanne jeweils auf
einer Seite anrösten, bis sie leicht gebräunt und
knusprig sind.

2   Das Brot aus der Pfanne nehmen und auf der
gerösteten Seite mit dem Knoblauch einreiben.
Beide Scheiben auf dieser Seite mit je 1 TL Senf
bestreichen. 1 Scheibe mit der Hälfte des Käses
belegen und mit 2 TL Preiselbeeren bestreichen.
Die Hälfte des Schinkens und die Salatblätter darauflegen. Dann in der umgekehrten Reihenfolge
mit Schinken, Preiselbeeren und Käse belegen
bzw. bestreichen.

3   Die andere Brotscheibe mit der bestrichenen
Seite nach unten darauflegen. Das Brot in die
Pfanne legen und auf jeder Seite anrösten, bis es
leicht gebräunt ist, dabei mit dem Pfannenwender
leicht auf den Pfannenboden drücken. Herausnehmen, durchschneiden und sofort servieren.

Tonnato

ca. 15 Min. • ★ • 2 Personen

¼ rote Paprikaschote • 1 Stiel Petersilie • 1 EL Kapern + 2 TL Kapernsud • 130 g Thunfisch (Dose)
50 g Salatmayonnaise • 1 TL Dijon-Senf • Salz
Pfeffer aus der Mühle • Honig • 1 große Tomate
1 Handvoll Rucola • 1 Knoblauchzehe • 2 große
Scheiben Landbrot (25 cm lang) • 2–3 EL Olivenöl

1   Paprika entkernen, waschen und klein würfeln. Petersilie waschen, trocken tupfen, Blätter
abzupfen und fein hacken. Kapern hacken, Thunfisch abtropfen lassen und mit den anderen Zutaten sowie Kapernsud, Mayonnaise und Senf
verrühren. Mit Salz, Pfeffer und Honig würzen.

2   Tomate waschen und ohne Stielansatz in sehr
dünne Scheiben schneiden. Rucola waschen und
trocken tupfen, Blätter etwas klein zupfen. Knoblauch schälen und halbieren. Brotscheiben auf beiden Seiten mit Olivenöl bestreichen und in der
Pfanne jeweils auf einer Seite anrösten. Herausnehmen und auf der gerösteten Seite mit Knoblauch einreiben. 1 Scheibe mit der Hälfte der
Tomatenscheiben belegen, die Hälfte der Thun-
fischmasse und den Salat darauf verteilen. Dann
in der umgekehrten Reihenfolge belegen.

3   Die andere Brotscheibe mit der gerösteten
Seite nach unten darauflegen. Das Brot in der
Pfanne auf jeder Seite rösten. Herausnehmen,
durchschneiden und sofort servieren.

Oriental

ca. 20 Min. • ★ • 2 Personen

½ Knoblauchzehe • 1 ½ EL Aceto balsamico • Salz
80 g Aubergine • 3 EL Olivenöl • 50 g Blattspinat
1 große Tomate • 50 g Feta (Schafskäse) • 2 große
Scheiben Landbrot (ca. 25 cm lang) • 2 EL Hummus (aus dem Glas oder siehe rechts)

1 Knoblauch schälen, durchpressen, auf einem
Teller mit dem Essig verrühren und salzen. Aubergine waschen und in Scheiben schneiden. In der
Pfanne 1 EL Olivenöl erhitzen, Auberginenscheiben
darin auf jeder Seite 2 bis 3 Minuten braten, bis sie
leicht gebräunt sind. Herausnehmen, kurz in der
Marinade wenden, aufeinanderlegen und beiseitelegen. Die Marinade aufbewahren.

2 Den Spinat waschen und trocken schleudern,
grobe Stiele entfernen. Die Blätter in der Pfanne
schwenken und zusammenfallen lassen. Herausnehmen und in der Marinade wenden. Tomate waschen und in dünne Scheiben schneiden, dabei den
Stielansatz entfernen. Feta ebenfalls in dünne
Scheiben schneiden.

3 Die Brotscheiben auf beiden Seiten mit dem
restlichen Olivenöl bestreichen, in der Pfanne jeweils auf einer Seite rösten. Beide Scheiben herausnehmen, auf der gerösteten Seite mit Hummus

bestreichen. Eine Scheibe mit Tomate, Spinat, Feta
und Aubergine belegen. Die andere Scheibe mit der
bestrichenen Seite nach unten darauflegen. Das
Brot in der Pfanne auf jeder Seite rösten. Herausnehmen, durchschneiden und servieren.

EASY HOMEMADE HUMMUS

Für schnellen Hummus 100 g fertiges Kichererb-
sen-Sesam-Mus aus dem türkischen oder arabischen Lebensmittelladen mit 1 EL Zitronensaft
und ½ durchgepressten Knoblauchzehe verrühren.
Mit Salz, Pfeffer und wenig Honig würzen.

Chicken-Wraps
mit Erdnusssauce

☞ ca. 25 Min.

★★ mittel

4 Stück

1 Für die Sauce Ingwer und Knoblauch schälen und in feine Würfel schneiden. Das Öl in der Pfanne erhitzen, Ingwer und Knoblauchdarin andünsten. Den Zucker dazugeben und leicht karamellisieren. Erdnussmus, Sojasauce, Limettensaft und 125 ml Wasser dazugeben. Zum Kochen bringen und kurz köcheln lassen. Ggf. mit Wasser auf eine dickflüssige Konsistenz verdünnen. Mit Salz und Cayennepfeffer würzen und in ein Schälchen umfüllen. Die Pfanne säubern.

2 Für die Wraps das Hähnchenfleisch waschen, trocken tupfen und in feine Streifen schneiden. Das Öl in der Pfanne erhitzen und Hähnchenstreifen darin rundum leicht braun anbraten. Knoblauch schälen und in feine Würfel schneiden. Mit Zucker, Sojasauce und Limettensaft zum Fleisch geben, Hähnchenstreifen gar köcheln. Mit Salz und Cayennepfeffer würzen. Alles herausnehmen und die Pfanne säubern.

3 Die Frühlingszwiebeln putzen, waschen und in Ringe schneiden. Die Paprika längs halbieren, entkernen und waschen, die Gurke waschen. Beides in kleine Würfel schneiden. Den Salat waschen, trocken tupfen und in feine Streifen schneiden.

4 Die Pfanne erhitzen und 1 Tortillafladen hineinlegen. Erhitzen, bis er weich wird, wenden und nochmals 30 Sekunden erhitzen. Herausnehmen und in der Mitte in einem Streifen mit je einem Viertel von Erdnusssauce, Salat, Gurke, Paprika, Hähnchen, Frühlingszwiebeln und nach Belieben 1 TL Sambal Oelek belegen. Die Ränder knapp über der Füllung einschlagen, den Fladen von unten über die Füllung klappen und den Wrap aufrollen. Auf diese Weise 4 Wraps zubereiten. Halbieren und sofort servieren oder für unterwegs in Butterbrotpapier oder Alufolie wickeln.

ZUTATEN

Für die Sauce:

1 haselnussgroßes Stück Ingwer

1 Knoblauchzehe

1 EL Öl

1 EL Rohrohrzucker

100 g Erdnussmus

2 EL helle Sojasauce

1 EL Limettensaft

Salz

Cayennepfeffer

Für die Wraps:

250 g Hähnchenbrustfilet

1 EL Öl

1 Knoblauchzehe

½ EL Rohrohrzucker

1 EL helle Sojasauce

½ EL Limettensaft

Salz

Cayennepfeffer

2 Frühlingszwiebeln

1 kleine rote Paprikaschote

100 g Salatgurke

2 Blätter Eisbergsalat

4 weiche Weizentortillas (Fertigprodukt)

4 TL Sambal Oelek (nach Belieben)

Blini-Brunch-Büfett mit zweierlei Toppings

☞ ca. 35 Min.
   + 45 Min. Gehen
★★ mittel
16 Blini (4 Personen)

1 Beide Mehlsorten mit etwas Salz mischen. Die Hefe zerbröckeln und mit dem Honig in der Milch auflösen. Mit dem Ei zur Mehlmischung geben und alles mit dem Schneebesen zu einem glatten Teig verrühren. Zugedeckt an einem warmen Ort 45 Minuten gehen lassen.

2 Den Teig durchrühren. In der Pfanne 2 EL Öl erhitzen und mit einer kleinen Kelle 4 kleine Teigportionen in die Pfanne geben. Bei mittlerer Hitze 3 bis 4 Minuten backen, bis sie auf der Unterseite leicht gebräunt sind. Wenden und 3 Minuten fertig backen. Die Blini auf Küchenpapier abtropfen lassen, 3 weitere Portionen ebenso backen.

ZUTATEN

50 g Buchweizenmehl
50 g Mehl
Salz
10 g frische Hefe
2 TL Honig
100 ml lauwarme Milch
1 Ei (Gr. M)
Öl zum Backen

TOPPINGS (FÜR JE 8 BLINI)

Pulled Salmon

100 g Frischkäse mit 1 TL Meerrettich (aus dem Glas) und 1 TL Weißweinessig verrühren. Mit Salz, Pfeffer und etwas Honig würzen. 100 g Stremellachs von der Haut lösen und mit zwei Gabeln fein zerpflücken, mit 2 TL Honigsenf verrühren und mit Salz und Pfeffer würzen. 8 Blini zuerst mit der Meerrettichcreme bestreichen, dann mit dem Lachs belegen. Mit Dill garnieren.

Erbsen-Wasabi

125 g tiefgekühlte Erbsen in der Pfanne mit kochendem Salzwasser bedeckt 5 Minuten blanchieren. In ein Sieb abgießen, kalt abschrecken und abtropfen lassen. 1 EL Erbsen abnehmen, den Rest mit ½ TL Wasabipaste, 1 TL Honig, 1 EL Limettensaft und etwas Salz mit dem Stabmixer zu einer festen Creme pürieren, ggf. etwas Wasser dazugeben. Mit Salz würzen. 1 Handvoll jungen Spinat waschen und trocken tupfen. 8 Blini mit Spinat belegen und je 1 Klecks Erbsen-Wasabi-Creme daraufgeben. Mit den übrigen Erbsen und Kresse garnieren.

SÜSSE GEHEIMNISSE

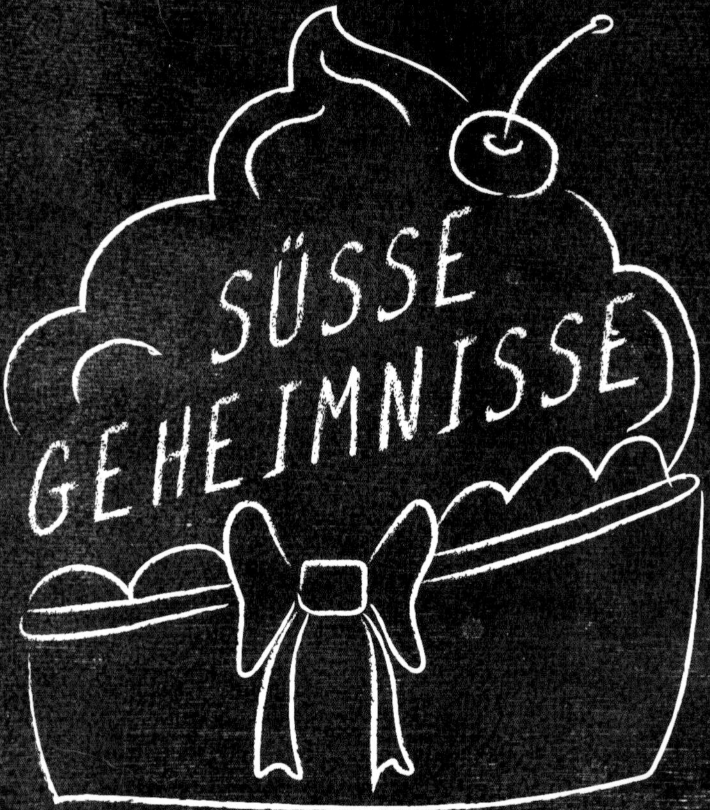

Desserts & Gebäck

BIG PAN THEORY

Flambierte Heidelbeer-Crêpes

☞ ca. 40 Min.
   + 15 Min. Quellen
★★ mittel
2   Personen (6 Stück)

1   Für die Crêpes das Mehl mit der Milch, dem Vanillezucker und je 1 Prise Zimt und Salz mit dem Schneebesen verrühren. Die Butter zerlassen. Zuerst die Eier, dann die Butter unter den Teig schlagen. Den Teig 15 Minuten quellen lassen.

2   Für die Füllung die Heidelbeeren waschen und abtropfen lassen. Die Schokolade in Stücke teilen.

3   In der Pfanne 1 TL Öl erhitzen, 1 Kelle Teig hineingeben und durch Schwenken gleichmäßig dünn verteilen. Bei mittlerer Hitze backen, bis die Unterseite leicht gebräunt ist. Die Crêpe wenden, ein Viertel der Oberfläche mit 1 TL Erdnussmus, 3 Stücken Schokolade und 1 EL Heidelbeeren belegen und weiterbacken, bis auch die zweite Seite leicht gebräunt ist. Die Crêpe einmal zusammenklappen, dann erneut über der Füllung zusammenklappen und aus der Pfanne nehmen. Auf diese Weise weitere 5 Crêpes backen.

4   In der Pfanne 2 TL Honig aufkochen lassen. 3 Crêpes hineingeben, kurz schwenken und einmal wenden. 3 cl Rum dazugießen, anzünden und kurz abbrennen lassen. Die Crêpes auf einem Teller anrichten und mit Puderzucker bestäuben. Die zweite Portion genauso zubereiten. Nach Belieben je 1 Kugel Vanilleeis dazu servieren.

ZUTATEN
Für die Crêpes:
125 g Mehl
¼ l Milch
1 Pck. Bourbon-Vanille-zucker
Zimtpulver
Salz
40 g Butter
2 Eier (Gr. M)
Für die Füllung:
125 g Heidelbeeren
ca. 70 g Milchschokolade
6 TL Erdnussmus
Außerdem:
6 TL Öl zum Braten
4 TL Honig
6 cl brauner Rum (54 Vol.-%)
Puderzucker zum Bestäuben

Tonkabohnen-Schmarren

☞ ca. 25 Min.
★ einfach
2 Personen

1 Die Eier trennen. Die Eiweiße mit 1 Prise Salz zu steifem Schnee schlagen. Die Eigelbe mit dem Vanillezucker und dem Rum mischen. Etwas Tonkabohne fein darüberreiben, 2 EL Puderzucker darübersieben. Die Mischung cremig schlagen. Nach und nach abwechselnd Milch, Mehl und Mineralwasser unterschlagen. Zum Schluss den Eischnee unterheben.

2 In der Pfanne 1 EL Butter erhitzen, die Teigmasse hineingeben und darin verteilen. Bei mittlerer Hitze 5 bis 7 Minuten backen, bis die Unterseite gebräunt ist. Den Teig vierteln und wenden. Die restliche Butter dazugeben und den Schmarren 3 bis 4 Minuten fertig backen.

3 Den Teig mit dem Pfannenwender oder mit zwei Gabeln in grobe Stücke zerteilen. 1 EL Puderzucker darübersieben und leicht karamellisieren, dabei die Stücke mehrmals wenden.

4 Den Schmarren auf zwei Teller verteilen und mit dem restlichen Puderzucker bestäuben. Nach Belieben mit Zwetschgen- oder Marillenröster, Apfelmus, Vanilleeis, Vanillesauce oder geschmolzenem Nussnugat servieren.

ZUTATEN
2 Eier (Gr. M)
Salz
1 Pck. Bourbon-Vanille-
zucker
2 cl brauner Rum (54 Vol.-%)
1 Tonkabohne
4–5 EL Puderzucker
150 ml Milch
75 g Mehl
2–3 EL Mineralwasser
(mit Kohlensäure)
1½ EL weiche Butter

Gewusst wie

KARAMELLISIEREN, RÖSTEN & CO.

Pfannen sind echte Multitalente, denn neben klassischem
Braten, Dünsten, Ausbacken und Schmoren, beherrschen sie auch
Karamellisieren und Rösten perfekt – wenn das Know-how
der menschlichen Bedienungseinheit stimmt. Denn weil hier
bei großer Hitze mit empfindlichen Zutaten gearbeitet wird,
ist durchaus Vorsicht geboten.

Kinderleicht karamellisieren

Zucker entwickelt beim Bräunen besondere Geschmacksstoffe, die nicht nur Süßspeisen zu einem echten Genuss machen. Doch hier zählt perfektes Timing, denn wenn Karamell dunkel und verbrannt ist, schmeckt er bitter. In kleinen Mengen ist das Karamellisieren völlig unproblematisch: Einfach etwas Platz in der Pfanne freiräumen, Zucker oder Honig hineingeben, schmelzen bzw. aufwallen lassen und sofort ablöschen oder mit den übrigen Zutaten mischen. Für größere Mengen Karamell ist wegen der starken Hitze eine beschichtete Pfanne weniger geeignet – die bessere Wahl ist eine Pfanne aus Gusseisen oder Stahl. Die Pfanne auf dem Herd erhitzen und den Zucker – am besten normalen Haushaltszucker –

gleichmäßig darin ausstreuen. Dann dabei bleiben bis der Zucker schmilzt. Sofort den Zucker durch die Pfanne schwenken, da er dazu neigt, unregelmäßig zu bräunen. Dafür die Pfanne zwischendurch auch mal kurz vom Herd nehmen, um die Hitzezufuhr zu unterbrechen. Sobald der Zucker komplett aufgelöst und hellbraun verfärbt ist, ist der Karamellisierungsprozess abgeschlossen. Dann den Karamell z.B. auf ein mit Backpapier ausgelegtes Backblech gießen und aushärten lassen oder, wie im Rezept beschrieben, weiterverarbeiten. Achtung: Flüssiger Zucker ist sehr heiß, bei der Verarbeitung ist also große Vorsicht geboten. Niemals den Finger in den Karamell halten oder den noch heißen, flüssigen Zucker probieren!

Bei Brot spricht man vom Rösten, obwohl eigentlich braten gemeint ist. Denn Brot wird beim trockenen Rösten schnell schwarz und auch nicht sehr knusprig. Im Gegensatz zu Kernen und Nüssen braucht man für das „Rösten" von Brot daher etwas Öl, z. B. Olivenöl. Da Brot sehr viel Öl aufsaugen kann, hat sich folgender Trick bewährt: Mithilfe eines Küchenpinsels die Schnittflächen dünn mit Öl einpinseln, dann in die Pfanne geben und knusprig braun rösten. So kann die benötigte Ölmenge bei Röstbroten und Croûtons stark verringert werden.

Brot

– RICHTIG RÖSTEN –

KNACKIGER KROKANT

Ist der Zucker erst mal karamellisiert, lässt sich daraus ganz einfach Krokant herstellen. Dafür die gleiche Menge gehackte Nüsse, Kerne oder Mandeln dazugeben und kurz mit dem heißen Karamell überziehen. Anschließend wie beschrieben auf einem mit Backpapier ausgelegten Backblech verteilen und abkühlen lassen. Den vollständig ausgehärteten Krokant fein hacken oder im Blitzhacker zermahlen und als Topping für Süßspeisen verwenden. Lust auf ausgefallene Extras? Einfach etwas gehackten Thymian oder Rosmarin, zerstoßenen schwarzen Pfeffer, Chiliflocken oder zerstoßene Kakaobohnen mit gehackten Nüssen im heißen Karamell wenden und wie beschrieben weiterverarbeiten.

Nüsse und Kerne

Nüsse und Kerne entfalten ihr typisches Aroma erst, wenn sie geröstet werden. Das geschieht immer ohne Zugabe von Fett. Dafür eine Pfanne bei mittlerer Temperatur erhitzen, die Nüsse bzw. Kerne darin rühren und schwenken, bis es zu duften und je nach Sorte auch zu knacken beginnt, etwa bei Kürbiskernen. Dann sofort auf einen Teller umfüllen und abkühlen lassen. Bleiben sie in der Pfanne, können insbesondere Mimosen, wie die empfindlichen Pinienkerne, schnell verbrennen. Bei ganzen Nüssen ist das Rösten in der Pfanne manchmal schwierig, da sie nur eine kleine Kontaktfläche haben und dort schnell verbrennen, während der Rest noch ungeröstet ist. Hierfür ist das Rösten im Backofen auf einem mit Backpapier ausgelegten Blech bei 180 °C die bessere Alternative.

Apricoco-Tarte-Tatin

Bratapfel-Crumble

Apricoco-Tarte-Tatin

☞ ca. 25 Min.
+ 30 Min. Backen
★★★ aufwendig
4–8 Personen

1 Den Backofen auf 200 °C vorheizen. 3 Scheiben Blätterteig längsseitig leicht überlappend auf einen Bogen Backpapier legen, die vierte Scheibe etwas überlappend vor die Stirnseite legen. Mit etwas Mehl bestäuben und rund auf Pfannengröße ausrollen. Überstehende Teigspitzen abschneiden.

2 Die Zitrone heiß waschen und trocken reiben. Schale fein abreiben und aus einer Hälfte den Saft auspressen. Kokosraspel, Schmand, 50 g Zucker, Vanillepuddingpulver, Zitronenschale und 1 bis 2 TL Zitronensaft zu einer Creme verrühren und auf den Blätterteig streichen.

3 Die Aprikosen waschen, halbieren und entsteinen. Den restlichen Zucker in einer hohen, ofenfesten Pfanne schmelzen und leicht karamellisieren. Die Butter dazugeben und schmelzen, beides gut verrühren. Die Aprikosenhälften und 1 EL Zitronensaft dazugeben. Die Aprikosen schwenken, bis sie rundum mit Karamell überzogen sind. Die Pfanne vom Herd nehmen.

4 Die Aprikosen mit der Schnittfläche nach oben in der Pfanne verteilen. Den Teig mit der bestrichenen Seite nach unten vorsichtig darauflegen, sodass die Aprikosen damit bedeckt sind. Das Backpapier entfernen. Den Teig am Rand etwas eindrücken. Mit einer Gabel in gleichmäßigen Abständen mehrmals in den Teig stechen. Die Pfanne auf die mittlere Schiene des Ofens stellen und die Tarte etwa 30 Minuten backen, bis der Teig knusprig braun ist.

5 Die Pfanne herausnehmen und die Tarte 5 Minuten ruhen lassen. Vorsichtig auf einen Teller stürzen und lauwarm abkühlen lassen. In Stücke schneiden und servieren. Nach Belieben mit Schlagsahne oder Vanilleeis toppen.

ZUTATEN

4 Scheiben tiefgekühlter Blätterteig (300 g; aufgetaut)
Mehl zum Ausrollen
1 Bio-Zitrone
100 g Kokosraspel
200 g Schmand
130 g feinster Zucker
2 EL Vanillepuddingpulver
650 g Aprikosen
40 g Butter

Bratapfel-Crumble

☞ ca. 20 Min.
   + 25 Min. Backen
★ einfach
6–8 Personen

1   Den Backofen auf 200 °C vorheizen. Für die Streusel das Mehl und die Haferflocken mischen. Die Butter in einer ofenfesten Pfanne schmelzen, ½ TL Salz und den Zimt unterrühren. Als Nächstes den Zucker dazugeben und gut untermischen, dann die Mehl-Haferflocken-Mischung hinzufügen und alles mit dem Holzlöffel zu einem Bröselteig verrühren. In eine Schüssel umfüllen und die Pfanne säubern.

2   Die Äpfel waschen, vierteln und die Kerngehäuse entfernen. Die Viertel in große Würfel oder Spalten schneiden. Die Marzipanrohmasse klein zupfen. Die Butter in der Pfanne erhitzen und die Apfelwürfel darin bei mittlerer Hitze 5 bis 7 Minuten rundum anbraten, bis sie leicht gebräunt sind.

3   Zimt, Zitronensaft, Cranberrys und Zucker hinzufügen und alles köcheln lassen, bis sich der Zucker aufgelöst hat und leicht karamellisiert. Die Pfanne vom Herd nehmen. Die Äpfel mit dem Marzipan bestreuen und dann mit den Streuseln bedecken. Die Pfanne auf die mittlere Schiene des Backofens schieben und den Crumble 25 Minuten backen, bis die Streusel leicht gebräunt und knusprig sind.

4   Die Pfanne aus dem Ofen nehmen und den Crumble etwas abkühlen lassen. Mit Puderzucker bestäubt warm, lauwarm oder auch kalt servieren. Dazu schmeckt Schlagsahne oder Vanillesauce.

ZUTATEN
Für die Streusel:
250 g Mehl
50 g zarte Haferflocken
150 g Butter
Salz
½ TL Zimtpulver
180 g Rohrohrzucker
Außerdem:
800 g leicht säuerliche Äpfel
(z. B. Elstar)
125 g Marzipanrohmasse
1 EL Butter
½ TL Zimtpulver
2 EL Zitronensaft
50 g getrocknete Cranberrys
80 g Rohrohrzucker
Puderzucker zum Bestäuben

Quark-Mohn-Krapfen

☞ ca. 25 Min.
★★ mittel
8 Stück

1 Die Eier trennen. Die Eiweiße leicht schaumig schlagen. Mehl, Mohn, Backpulver, 100 g Zucker, Vanillezucker und ½ TL Salz in einer Schüssel mischen. Quark, Eigelbe, Eiweiße und ein paar Tropfen Bittermandelaroma dazugeben und alles zu einem glatten Teig verrühren.

2 In einer hohen Pfanne 5 cm hoch Öl oder Frittierfett erhitzen. Es ist heiß genug, wenn sich an einem hineingehaltenen Holzlöffelstiel Bläschen bilden. Mit zwei Esslöffeln 8 große Nocken formen und zunächst 4 Nocken bei mittlerer Hitze im Öl bzw. Fett unter mehrmaligem Wenden 5 bis 7 Minuten goldbraun ausbacken.

3 Die Krapfen mit dem Schaumlöffel herausheben und auf Küchenpapier abtropfen lassen. Den restlichen Zucker auf einen Teller häufen und die Krapfen darin wenden. Die zweite Portion genauso zubereiten. Die Quark-Mohn-Krapfen am besten lauwarm servieren.

BUNTE KRAPFEN-POPS

Ein Hit bei den Kindern! Dafür statt 8 große 20 kleine Krapfen herstellen, indem kleinere Teigportionen abgestochen und goldbraun frittiert werden. Die fertigen Minikrapfen aus dem Fett heben, auf Küchenpapier abtropfen und abkühlen lassen. Für den Zuckerguss in einer Tasse 125 g Puderzucker mit 1 EL Zitronensaft verrühren. So viel Zitronensaft tropfenweise dazugeben, bis ein gerade flüssiger Zuckerguss entstanden ist. Diesen nach Wunsch mit Lebensmittelfarbe färben. Die Krapfen auf Cake-Pop-Stiele oder Holzspieße stecken und bis zur Mitte in den Zuckerguss tauchen. Beim Herausheben etwas abtropfen lassen. Aufrecht in Gläser stellen, mit bunten Zuckerperlen bestreuen und den Zuckerguss fest werden lassen. Frisch servieren.

ZUTATEN

2 Eier (Gr. M)
200 g Mehl
2 EL gemahlener Mohn
2 TL Backpulver
150 g feinster Zucker
1 Pck. Bourbon-Vanillezucker
Salz
200 g Magerquark
Bittermandelaroma
Öl oder Frittierfett zum Ausbacken

Frittiertes Vanilleeis mit Himbeer-Coulis

☞ ca. 20 Min.
+ 1 Std. Kühlen
★★★ aufwendig
2 Personen

1 Für das frittierte Vanilleeis die Cornflakes im Blitzhacker fein mahlen und auf einen Teller häufen. Vom Vanilleeis 4 Kugeln abstechen und in den Cornflakes wenden, sodass die Eiskugeln rundum damit überzogen sind. Die Eiskugeln mindestens 1 Stunde ins Tiefkühlfach stellen.

2 Das Mehl auf einen Teller häufen und die Eier in einem tiefen Teller verquirlen. Die restlichen Cornflakes mit dem Paniermehl auf einem dritten Teller mischen. Die Eiskugeln zunächst im Mehl wenden, dann durch das Ei rollen und zuletzt mit der Cornflakes-Paniermehl-Mischung überziehen. Erneut 1 Stunde kühl stellen, das Ei währenddessen zudecken.

3 Für die Coulis die Himbeeren mit dem Zucker und dem Limettensaft in der Pfanne auftauen und bei schwacher bis mittlerer Hitze etwa 5 Minuten köcheln lassen. Den Holundersirup unterrühren und alles durch ein feines Sieb streichen. Die Coulis nach Belieben etwas einkochen lassen. Nach Geschmack nachsüßen, in eine Schüssel umfüllen und abkühlen lassen.

4 Die Coulis als Spiegel auf vier Desserttellern anrichten. In einer hohen Pfanne 5 cm hoch Öl oder Frittierfett erhitzen. Es ist heiß genug, wenn sich an einem hineingehaltenen Holzlöffelstiel Bläschen bilden. Die Eiskugeln erneut im Ei wenden und noch einmal durch die Cornflakes-Paniermehl-Mischung rollen. Dann in das Öl oder Fett gleiten lassen und rasch rundum goldbraun ausbacken, dabei gelegentlich wenden. Mit dem Schaumlöffel herausheben, auf Küchenpapier abtropfen lassen, auf der Coulis anrichten und sofort servieren.

ZUTATEN
Für das frittierte Vanilleeis:
50 g Cornflakes
250–300 g Vanilleeis
2 EL Mehl
2 Eier
50 g Paniermehl
Öl oder Frittierfett zum Ausbacken
Für die Coulis:
200 g tiefgekühlte Himbeeren
ca. 2 EL Zucker
1 EL Limettensaft
1 EL Holunderblütensirup

Gebrannte Cashewkerne und Paranüsse

☞ ca. 15 Min.
   + 15 Min. Abkühlen
★★ mittel
2 Personen

1 Zucker, Vanillezucker, Zimt, Ingwer und 1 kleine Prise Salz in der Pfanne mit 100 ml Wasser zum Kochen bringen. Bei mittlerer Hitze köcheln lassen, bis sich der Zucker aufgelöst hat.

2 Die Cashewkerne und die Paranüsse dazugeben und unter häufigem Rühren und Wenden köcheln lassen. Sobald die Flüssigkeit verkocht ist, wird der Zucker zunächst wieder fest und kristallisiert. Geduldig weiterrühren, bis der Zucker teilweise wieder flüssig wird und die Zuckeroberfläche um die Nüsse braun karamellisiert ist.

3 Den Sesam darüberstreuen und alles noch einmal durchrühren. Dann die Kerne bzw. Nüsse auf ein mit Backpapier ausgelegtes Backblech schütten, gut verteilen und auskühlen lassen.

BURN, BABY BURN!

Das Rezept klappt natürlich auch mit Erdnüssen, Macadamianüssen, Pekannüssen oder Kürbiskernen. Besonders raffiniert und lecker: Gebrannte Mandeln mit Koriander- statt Ingwerpulver. Mit dem Sesam dann noch 1 Prise Cayennepfeffer über die Mandeln streuen.

ZUTATEN
125 g Rohrohrzucker
1 Pck. Bourbon-Vanillezucker
½ TL Zimtpulver
½ TL Ingwerpulver
Salz
100 g Cashewkerne
100 g Paranusskerne
1–2 EL geschälte Sesamsamen

PFANNENPANNEN

Oh Nein!
Schon wieder sind die Pinienkerne
angebrannt. Kann man die noch retten?
In diesem Fall ist die Antwort leider nein, die verkohlten Dinger
sind ein Fall für den Mülleimer. Bei vielen anderen kleinen
Pfannenpannen lässt sich mit den richtigen Handgriffen aber noch
einiges retten – und wenn es nur die Pfanne ist.

DAS SPIEGELEI BACKT IMMER FEST!

Für ein Spiegelei darf die Pfanne nicht zu
heiß sein. Denn bei zu starker Hitze bildet
das Eiweiß sofort eine Kruste am
Pfannenboden und das Ei lässt sich nur
noch schlecht im Ganzen lösen. Die Pfanne
sollte etwa die Temperatur haben, bei der
Butter aufschäumt, aber nicht gleich braun
wird. Und so klappt es: Etwas Butter in der
Pfanne aufschäumen lassen. Das Ei genau
auf die Butter geben, auf dem dünnen
Butterfilm braten und vorsichtig mit dem
Pfannenwender lösen. Nach Wunsch noch
kurz wenden oder sofort servieren.

BEIM AUSBACKEN SAUGT SICH ALLES MIT FETT VOLL!

Hier war die Temperatur zu niedrig
gewählt. So kann sich keine Kruste
bilden, die das Ausbackgut vor zu
viel Fett schützt. Ausbackgut erst in
das Fett gleiten lassen, wenn dieses
den klassischen Holzlöffelstieltest
besteht: Es ist heiß genug, wenn an
einem Holzlöffelstiel sofort Bläschen
aufsteigen, sobald er in das Fett
gehalten wird. Alternativ probeweise
kleine Stücke Ausbackgut in das Fett
legen. Gart es sofort sprudelnd, ist
das Fett heiß genug.

ALLES IST ANGEBRANNT UND BACKT AM PFANNENBODEN FEST!

DRAMA! DAS FETT BRENNT!

Wieder telefoniert beim Braten? Was richtig verbrannt ist, lässt sich leider nicht mehr retten. Die Pfanne dann sofort vom Herd nehmen. Oberes, nicht Verbranntes herausheben und probieren, ob es den verbrannten Geschmack angenommen hat. Ist das nicht der Fall, kann es weiterverwendet werden. Angebranntes so gut wie möglich mit dem Pfannenwender lösen, dann heißes Wasser dazugeben und alles aufkochen. Vom Herd nehmen und 30 Minuten einweichen lassen. Danach Angebranntes lösen und die Pfanne vorsichtig mit einem weichen Schwamm säubern, dafür gegebenenfalls etwas Spülmittel zur Hilfe nehmen.

Hier ist etwas gründlich schief gelaufen, Fettbrände gehören zu den schwersten Haushaltsunfällen! Jetzt heißt es, ruhig Blut bewahren und in jedem Fall: Finger weg von Wasser! In Kombination mit brennendem Fett sorgt es sofort für eine massive Explosion; heiße Fettpartikel werden blitzschnell überall verteilt, stärkste Verbrennungen können die Folge sein. Die richtige Reaktion: Zunächst den Herd ausstellen und – falls vorhanden – eine Löschdecke über die Pfanne werfen. Die Alternative: Ofenhandschuhe anziehen und vorsichtig den Deckel auf die Pfanne setzen. So wird das Feuer schnell erstickt und die Panik löst sich in Rauch auf.

 ## ES SIND IMMER NOCH SCHWARZE RUCKSTANDE AM PFANNENBODEN!

Bei beschichteten Pfannen sollte das eigentlich nicht der Fall sein. Wenn doch, ist die Beschichtung höchstwahrscheinlich hinüber und die Pfanne kann in den Müll. Eisenpfannen mit Salz einreiben und anschließend mit Küchenpapier säubern. Bei Stahlpfannen startet nun der Notfallplan. Entweder Backpulver, Natron oder ein Spülmaschinen-Tab mit Wasser in der Pfanne aufkochen, dabei wegen der entstehenden Dämpfe gut lüften. Die Pfanne vom Herd nehmen und alles über Nacht einweichen lassen. Am nächsten Tag die Verkrustungen mit einem weichen Schwamm lösen und die Pfanne gründlich reinigen. Abschließend dünn mit Öl einreiben und mit Küchenpapier auswischen.

© Food and Nude Photography

MARTIN KINTRUP

Schon als Kind war Martin Kintrup
erfinderisch und entwickelte
schmackhafte Gerichte mit viel
frischem Grün aus dem eigenen Garten.
Während des Studiums jobbte er in
einem vegetarischen Restaurant
und kochte mit seinen WG-Freunden.
seit 2004 schreibt er Kochbücher.
Sein Markenzeichen: kreative, würzige
und kräuterfrische Rezepte,
inspiriert durch den eigenen Garten.

© 2016 ZS Verlag GmbH | Kaiserstraße 14 b | D-80801 München
ISBN 978-3-89883-591-6
1. Auflage 2016

Projektleitung: Eva-Maria Hege
Rezepte & Texte: Martin Kintrup
Lektorat: Katharina Lisson
Grafische Gestaltung: melville brand design (Lars Harmsen,
Johannes König), Irene Schulz
Fotografie: Wolfgang Schardt
Fotoassistenz: Janet Hesse
Foodstyling: Roland Geiselmann
Herstellung & Producing: Jan Russok
Druck & Bindung: optimal media GmbH, Röbel

Die ZS Verlag GmbH ist ein Unternehmen der Edel AG, Hamburg.
www.zsverlag.de | www.facebook.com/zsverlag

Auf den Geschmack gekommen?

Ein Topf, viel Genuss: 100 Rezepte von Wintereintopf bis Sommergazpacho begleiten einen durch die vier Jahreszeiten

Michaela Baur
Heißgeliebte Suppen
€ [D] 15,99
ISBN 978-3-89883-503-9

Burgerglück vom Feinsten: über 70 ultimative Rezepte laden ein zu einer Reise durch die Welt des Szenefoods

Martin Kintrup
Burgergold
€ [D] 15,99
ISBN 978-3-89883-527-5

Gleich weiterlesen!

Jetzt überall,
wo es gute Bücher gibt.